Reiner Strunk
Helle Tage, dunkle Nächte
Zwölf Vorlese-Geschichten zum Jahreskreis

Reiner Strunk

Helle Tage, dunkle Nächte

*Zwölf Vorlese-Geschichten
zum Jahreskreis*

Quell

Quellennachweis
Hermann Hesse (S. 14) aus: Die Gedichte,
© Suhrkamp Verlag, Frankfurt 1970
Joachim Ringelnatz (S. 52) aus: Das Gesamtwerk in
sieben Bänden
© 1994 by Diogenes Verlag, Zürich

ISBN 3-7918-1432-X

© Quell Verlag, Stuttgart 1996
Printed in Germany · Alle Rechte vorbehalten
1. Auflage 1996
Lektorat: Andrea Scholz-Rieker
Umschlaggestaltung: Klaus Dempel
Umschlagmotiv: Elisa Thiel
Gesamtherstellung: Maisch & Queck, Gerlingen

Für Hildegard Weinmann,
die Geschichten
noch schöner, farbiger und reicher werden läßt
durch ihre Musik

Inhalt

Winter

Die Zeitangaben geben einen Hinweis auf die ungefähre Vorlese-dauer.

Vorwort

Die Zeit fließt, heißt es, aber sie tut es nicht unentwegt im selben Maß und Tempo. Sie kann einmal davonschießen wie ein reißender Bergbach, dann wieder sich träge bewegen wie ein breiter Strom in der Ebene. Und es ist der Unterschied in den Schnelligkeiten des Zeitflusses, der Leben bewußt macht und ihm Konturen und Farben verleiht: Es gibt die anstrengenden Verlaufsstrekken, in denen man Mühe hat zu bewältigen, was auf einen zukommt; und es gibt die Gelegenheiten des Verweilens, der ruhigen Betrachtung, des Genießens.

Die Jahreszeiten markieren mit ihrem Wechsel die ablaufende Zeit und sie strukturieren damit Erfahrungen und Gestalten des Lebens. Auf der Höhe des Sommers erlebt man nicht dasselbe wie im tiefen Winter, und man setzt da auch jeweils eigene Akzente für das, was getan und gelassen werden soll.

Zum Gepräge der Jahreszeiten gehören aber nicht allein die Witterungsverhältnisse und damit verbundene Stimmungslagen und Verhaltensweisen. Es gehören auch entsprechende Festzeiten und hervorgehobene Anlässe dazu. Sie reichen durchweg weit in vorchristliche Lebensräume und deren Ordnung zurück, sind aber auch christlich sorgfältig beachtet und neu gedeutet worden. So ist kein Winter vorstellbar ohne das Fest von Weihnachten. Der Herbst gewinnt seine zeitliche, kulturelle und religiöse Mitte im Erntedank. Zum Frühling zählen die Konfirmation der Mädchen und Jungen, das Osterfest und Pfingsten, Erinnerung an die Anfänge der Kirche.

Die festlichen Zeiten im Jahreslauf geben Anlaß zu Liedern und zu Geschichten. Der Frühling wird gern mit Liedern begrüßt, zu denen die bekanntesten Dichter unserer Sprache Unvergängliches beigetragen haben. Aber auch der Winter mit Kälte und Schnee und mit seinen langen dunklen Nächten hat seinen besonderen Reiz. Er findet seinen Ausdruck in poetischen Texten und Bildern und – namentlich im Weihnachtsfestkreis – in zahllosen Geschichten, die Kinder und Erwachsene erfreuen.

In diesem Buch stelle ich eigene Erzählstücke und Geschichten zusammen, die den klassischen vier Jahreszeiten mit ihren Festen zugeordnet sind. Alle Beiträge wurden für die Gemeinde erarbeitet, teils als reine Erzählung, teils in Verbindung mit szenischem Spiel, mit Musik und Kinderchören. Die Wiedergabe in diesem Band erfolgt in der Absicht, die Texte auch unabhängig von ihrer Verwendung in der Gemeinde einem breiten Leserkreis zugänglich zu machen.

Geschichten entstehen und leben nicht in der Einsamkeit. Sie benötigen das lebendige Umfeld, in dem sie wachsen und gedeihen können, wo sie erfunden werden und wo sie hörbereite Aufnahme finden. Ich möchte darum an dieser Stelle den Mitarbeitern und Gruppen in der Gemeinde danken, ohne die diese Geschichten sicherlich nicht entstanden wären.

Reiner Strunk

Frühling

Voll Blüten

Voll Blüten steht der Pfirsichbaum,
Nicht jede wird zur Frucht,
Sie schimmern hell wie Rosenschaum
Durch Blau und Wolkenflucht.

Wie Blüten gehn Gedanken auf,
Hundert an jedem Tag.
Laß blühen, laß dem Ding den Lauf,
Frag nicht nach dem Ertrag!

Es muß auch Spiel und Unschuld sein
Und Blütenüberfluß,
Sonst wär die Welt uns viel zu klein
Und Leben kein Genuß.

Hermann Hesse

Blühen und Frucht bringen

Nehmt an, ein Baum ist gut,
so wird auch seine Frucht gut sein;
oder nehmt an, ein Baum ist faul,
so wird auch seine Frucht faul sein.
Denn an der Frucht erkennt man den Baum.
(Matthäus 12)

Auf der Obstwiese standen allerlei Bäume: Apfel- und Birnbäume, Kirschen- und Pflaumenbäume. Manche waren schon sehr alt geworden, mit Höhlungen im Stamm und mit abgebrochenen Ästen. Andere waren in den besten Jahren und breiteten ihre Zweige aus im Gefühl ihrer Kraft. Und einige zwischendrin waren noch sehr klein. Sie mußten gestützt werden, damit sie aufrecht wuchsen, und Früchte trugen sie keine, weil sie nicht stark genug dazu waren. Sie brauchten all ihre Kraft, um größer zu werden.
Und wieder einmal verabschiedete sich ein Winter, und ein Frühling kündigte sich an. Der Schnee war geschmolzen, Schneeglöckchen und erste Krokusse brachen aus der Erde, und die Vögel übten ihre Stimmen.

Am Rande der Obstwiese stand ein Apfelbaum und neben ihm, nicht mehr ganz so klein, sein Sprößling. »Nun wirst du sehen«, sagte der Apfelbaum, »in diesem Frühling bist du groß genug, um Blüten zu treiben.«

»Wozu soll ich Blüten treiben?« antwortete der Sprößling, der sichtlich nicht begeistert war. »Ich fürchte«, fügte er mißmutig hinzu, »Blüten treiben ist eine anstrengende Sache, die Mühe macht und vielleicht sogar weh tut. Lieber ist mir, was nicht anstrengend ist und was keine Mühe macht.«

Der große Apfelbaum seufzte und wollte schon mit einer Moralpredigt anfangen, die sich gewaschen haben sollte. Aber er besann sich. Er erinnerte sich, daß seine Moralpredigten wenig nützten, zumal bei den Jungen: sie wehten und schlüpften ihnen durch die Zweige wie der Wind.

Also beschränkte sich der große Apfelbaum auf den Hinweis: »Blühen ist etwas Schönes, mein Sprößling.«

Tage und Wochen vergingen. Die Sonne stieg höher am Himmel und wärmte, die Winde wurden lauer. Die Knospen an den Zweigen der Bäume waren prall geworden, als wollten sie platzen. Und nach einem warmen Frühlingsregen gingen sie auf und entfalteten sich. Die ganze Obstwiese leuchtete in hellen Farben, und jeder Baum sah aus wie ein eigener üppiger Blumenstrauß.

»So«, sagte der große Apfelbaum zu seinem Sprößling, »nun ist die Zeit der Blüte da; und auch du trägst die ersten Blüten deines Lebens. Sie sind schön und kräftig in den Farben, und ich habe sie gezählt: vierundzwanzig Stück.«

Der Sprößling des Apfelbaums sah es selber, und er betrachtete seine Veränderung mit Stolz: »In der Tat«, sagte er, »ich habe mich prächtig herausgeputzt. Die Sache steht mir gut. Ich kann mit mir zufrieden sein.«

Der große Apfelbaum schaute mit Verwunderung. Dann sagte er: »Mein liebes Kind, du solltest dich nicht täuschen. Das Blühen hast du nicht gemacht. Es kommt von allein. Oder genauer: es kommt aus der Kraft des Schöpfers, der alles Leben macht.«

Der Sprößling hörte es schweigend an. Er war wieder nicht begeistert. Er wollte so gern ordentlich stolz sein auf sich selbst.

Am Tage darauf schwärmten die Bienen. Bienen schwärmen für Blüten – und darum schwärmen sie auch hin zu Blüten. Hummeln genauso. Dicke, pelzige Erdhummeln mit großem Appetit. Sie taumelten über die Obstwiese, schon tüchtig angetrunken vom süßen Blütensaft, und ließen sich hier und da nieder, tauchten ihre Saugrüssel tief in die Blütenkelche hinein. Auch bei dem jungen Apfelbaum, der stolz war auf sein erstes Blütenkleid.

Der geriet beinahe außer sich. Wäre er nicht ein Bäumchen gewesen und also mit den Wurzeln festgewachsen in der Erde, er hätte herumgetobt wie ein Wilder und mit den Ästen wütend um sich geschlagen.

»Was ist mit dir?« fragte der große Apfelbaum, in dessen Blütenmeer es summte wie in einem Bienenstock.

»Was mit mir ist?« rief der junge Apfelbaum. »Siehst du denn nicht dieses ganze Gesindel, das mich ausraubt am hellen Tage? Sie haben nicht mal gefragt! Sie kommen einfach her, stürzen sich kopfüber in meine Blüten. Wenn sie bloß ersaufen und ersticken würden darin! Aber sie krabbeln alle wieder heraus, vollgepackt mit dem Gold meines Blütenstaubs, und dann geht's ab mit der Beute, ich könnte sie erwürgen, diese Diebesbande!«

Der große Apfelbaum mußte nun doch lächeln. »Ach so«, sagte er, »du möchtest deine schönen Blüten ganz für dich allein haben? Alles von dir, alles für dich – nichts hergeben: ist es so?«

»Klar ist es so«, maulte der junge Apfelbaum weiter, »Blüten bringen, damit sie andern was bringen – das bringt doch nichts!«

Der große Apfelbaum schüttelte seine Krone, daß ein Schwarm von Bienen und Hummeln in die Luft stob. »Liebes Kind«, sagte er langsam und mit Nachdruck, »nur das, was wir bereit sind, anderen zu bringen, wird am Ende auch uns selber etwas bringen!«

Das junge Bäumchen schien einen Augenblick nachzudenken, dann sagte es vernehmlich: »Quatsch!« und sah grimmig auf Bienen und Hummeln, die an seinen Blüten naschten. »Am liebsten«, fügte es nach einer Weile hinzu, »am liebsten trüge ich überhaupt keine Blüten, dann brauchte ich für diese Biester auch nichts rauszurücken.«

»Das stimmt«, sagte der große Apfelbaum, »aber dann wärest du auch kahl und häßlich und so gut wie tot. Die Bienen und andere nehmen zwar etwas von deinen Blüten, aber sie sind auch deine Freunde. Sie geben dir etwas. Sie sind nötig, damit du nicht bloß da bist, sondern auch lebst. Und daß von dir und deiner Kraft auch andere, neue Apfelbäume leben und wachsen können. Wir alle leben nur so lange, wie wir zusammenleben. Und was wir teilen, geht nicht verloren, es kommt auf andere Weise auch zu uns zurück. So hat der Schöpfer es eingerichtet, und es braucht manchmal Zeit, ehe wir's verstehn.«

Der Frühling ging vorüber und auch der Sommer, es wurde Herbst. Aus den Blüten der Bäume waren Früchte geworden, erst winzig kleine, bald größere, und sie wuchsen von Woche zu Woche. Auch der junge Apfelbaum trug jetzt einige Früchte, die schwer an seinen dünnen Zweigen hingen und sie nach unten zogen.

»Ist es nicht toll, was ich für dicke Früchte schaffe?« sagte er eines Tages, »aber sie sind schwer, und es ist eine arge Mühe, sie hochzuhalten.« Der Ärger mit den Blüten und Bienen war lange vergessen, nun war er wieder stolz auf sich und seine Leistung.

Und als die Früchte rotwangig und reif waren, kamen die Bauern. Sie kamen mit Leitern und Körben und Kächern, stiegen auf die Bäume, pflückten die Früchte und sammelten sie in Kisten und Säcke.

Der kleine Apfelbaum war fassungslos. Und wie ein Blitz fuhr die Erinnerung an den Frühling in sein Geäst, und er rief: »Diese Menschen sind ja noch übler als die Bienen und Hummeln im Frühling. Sie rauben nicht bloß den Saft meiner

Blüten, sie stehlen mir alle Früchte meiner Arbeit!«

Das klang so verzweifelt, daß der große Apfelbaum neben ihm gar nicht lachen mochte. Aber er neigte sich ein wenig zu seinem Sprößling herunter und fragte: »Du möchtest deine Früchte gerne behalten – für dich ganz allein?«

»Klar möchte ich das«, rief der junge Apfelbaum mit Leidenschaft, »ich will doch nicht umsonst gearbeitet haben die ganze Zeit!«

»Hast du auch nicht«, begütigte der große Apfelbaum. »Du hast wirklich schöne Früchte hervorgebracht. Aber nun: wenn du sie auch mit Macht behalten wolltest für dich allein – du könntest sie trotzdem nicht behalten!«

»Wieso?« rief der kleine Apfelbaum empört, »weil die Menschen eben doch stärker sind?«

»Dies nicht in erster Linie«, erwiderte der große Apfelbaum. »Würdest du nämlich alle Früchte an deinen Zweigen festhalten, unnachgiebig, dann würden sie nicht bleiben, was sie sind. Sie würden faulen. Schwarz und faul würden sie, und wenn der Winter kommt, würden sie von den Zweigen fallen und begraben werden unter dem Schnee und ganz vergehen.«

Der junge Baum schaute trotzig: »Und was bringt das dann – das Früchtebringen?« fragte er.

Der andere sagte: »Früchte bringen, die nur dir allein was bringen sollen, das bringt nichts, gar nichts. Es ist Mühe ohne Sinn.«

»Und die Menschen?« fragte der junge Baum.

»Die Menschen nehmen und geben auch«, sagte der große Apfelbaum. »Sie ernten und nehmen Früchte von uns, aber sie helfen uns auch, schneiden Äste, die nichts taugen, graben Erde um, damit wir leichter Säfte und Kräfte aus dem Boden aufnehmen können. Alles ist ein großer Zusammenhang, ein großer Kreislauf von Geben und Nehmen. Nur so kann das Leben gelingen auf der Erde, der Schöpfer hat es so eingerichtet.«

Der junge Apfelbaum schwieg. Und als der Winter kam mit Frost und Sturm, mußte er viel nachdenken: über sich selbst und die andern, übers Blühen und Fruchtbringen, über das eigene Leben und über den großen Zusammenhang des Lebens, wo eins mit dem andern und keines für sich allein da ist, und über die Weisheit des Schöpfers, der alles so eingerichtet hat.

Als es im nächsten Jahr Frühling wurde und die Blüten sich öffneten und die Bienen und Hummeln heranflogen, um aus ihnen zu trinken, sah der junge Apfelbaum ihnen schweigend und aufmerksam zu. Und als er in sein Herz hineinhorchte, merkte er, daß es vor Freude klopfte.

Heil wird, was ganz wird

Und es geschah plötzlich
ein Brausen vom Himmel
wie von einem gewaltigen Wind
und erfüllte das ganze Haus,
in dem sie saßen.
Und es erschienen ihnen Zungen
zerteilt, wie von Feuer;
und er setzte sich auf einen jeden von ihnen,
und sie wurden alle erfüllt
von dem heiligen Geist.
(Apostelgeschichte 2)

An fernem Ort und zu nicht genannter Zeit
trafen drei zusammen, um Klage zu führen und
sich zu besprechen.
Da war der *Wind*.
Mächtig kam er daher aus dem Norden.
Seine Stimme klang nach dem Rauschen des
Meeres, und seine Gebärden enthielten den Flug
der Möwen und den Wirbel des Sandes an den
Küsten und das gemächliche Treiben der Abend-
wolken am Himmel...
Und hinzu kam das *Wasser*.
Gurgelnd und plätschernd kam es daher von

Westen. Seine Stimme klang nach den Kieseln im Bachbett und nach dem Trommeln des Regens am Fenster und nach der Gischt und dem Schäumen des tiefen Falles hinab in die Schlucht...

Und da war das *Feuer*.

Lodernd fraß es sich heran aus dem Süden. Seine Stimme klang nach den Lagerplätzen in der Wüste und nach dem Keuchen der Atemlosen, und es war unruhig und mußte sich zwingen, auf der Stelle zu verweilen...

Da erhob das *Wasser* seine Stimme und sagte: Unheil über Unheil!

Ich bin das Wasser, und der Schöpfer erdachte mich und schuf mich zum Segen der Erde und zur Wohltat für alles Lebendige, Pflanzen, Tiere und Menschen.

Aber die Menschen gedachten es anders zu machen als Gott, sie gingen ihre Wege, trennten sich von ihrem Ursprung, irrlichterten über die Erde, kehrten sich gegeneinander und bekriegten sich und fanden keinen Frieden.

Da rief der Schöpfer mich und sandte mich, damit ich einen Fluch bringe über die Menschen.

Und die Erde tat sich auf und spie Wasser hervor, und die Berge schütteten es hinab in die Ebenen, und die Meere wuchsen über die Ufer, und die Wolken füllten sich wie Schwämme und schafften Regen heran, Tage und Nächte, und der Regen ging nieder übers Land und bedeckte die Flächen, bis es heranflutete an die Füße der Berge und höher und höher hinauf, Bäume mit sich reißend in gewaltigem Strudel und Tiere und Menschen forttragend, verschlingend.

Und die Wasser fielen wieder und verliefen sich, und das Grauen blieb übrig, öde alles und verlassen, Unheil über Unheil! –

Es ist viel Zeit vergangen seitdem. Es hat neues Leben gegeben auf der Erde. Aber aus dem Unheil, scheint mir, ist nicht Heil geworden. Die Menschen sind in ihrer Art ganz ähnlich wie vor der Flut. Sie finden nicht zusammen und sie finden nicht ihren Weg. Sie reiten auf den Wellen und ahnen nicht die Gefahr. Sie könnten noch einmal untergehn.

Aber ich, das Wasser; ich will nicht wieder der Rächer sein. Ich will nicht Verderben bringen und Tod. Ich war bestimmt, ein Segen zu sein für die Erde und für alles Lebendige, das die Erde bewohnt. Ich möchte beitragen zu heilen statt zu zerstören.

Da erhob der *Wind* seine Stimme und sagte: Unheil über Unheil!

Ich bin der Wind, und der Schöpfer erdachte

mich und bestimmte mich dazu, der Atem für alles Lebendige zu sein. Wenn der Wind erlischt, stockt der Atem des Lebens.

Ich fahre dahin von Norden nach Süden und von Osten nach Westen, und einmal ist in mir die Macht des Sturmes, der Bäume rodet und Dächer von den Häusern hebt wie Mützen von den Köpfen der Kinder. Aber ein anderes Mal ist das Spiel der Zärtlichkeit in mir, das die Blätter streichelt in den Baumwipfeln und Gräser kämmt in den Sümpfen.

Aber auch mich rief und sandte der Schöpfer, die Menschen zu strafen. Sie hatten sich alle versammelt, eine Menschenmasse, unübersehbar groß und geschäftig in der Ebene Sinear. Ein Reich wollten sie gründen, Grenzen errichten, die unüberwindbar sein sollten. Und in der Mitte sollte ein Turm sein – Wahrzeichen ihrer Größe und Unbezwingbarkeit. Die Masse berauscht sich am eigenen Ruhm. So war's in der Ebene Sinear. Die Bauwerke wuchsen himmelan, am meisten der Turm. Er sollte die Wolken erreichen, das Tor öffnen zur Höhe des Himmels. Nichts sollte unmöglich bleiben, nichts unerreicht, der Raum Gottes, des Schöpfers, sollte eingenommen werden von Menschen, erobert und besetzt gleichsam, wie von Soldaten, die Leitern anlegen, um eine Festung zu stürmen, hinaufklimmen und die Mauern besetzen und Pfeile ins Innere jagen und johlen im Triumph ihres Sieges. So dachten und handelten sie beim Bau ihres Turms.

Aber Gott rief mich, den Wind, daß ich hinabfahren sollte mit aller Gewalt gegen den Turm. Und ich holte meine Kräfte zusammen aus allen Höhen und Tiefen der Erde, von der Weite des Meeres und aus den Tälern und Schluchten der Berge, und ich zog alles zusammen zu einem rasenden, übermächtigen Sturm, der vom Himmel her auf die Ebene niederfuhr wie ein tödliches Schwert. Und der Turm wankte und brach und stürzte in sich zusammen. Die Menschen aber liefen in heilloser Flucht auseinander in alle vier Winde. Sie waren eine Masse gewesen, nicht eine Gemeinschaft. Sie hatten sich zusammengerottet, aber nichts hatte sie wirklich verbunden. Jetzt flohen sie, zerstreut, getrennt, einander noch fremder geworden, unnahbar. Auch ihre Sprache verband sie nicht. Sie redeten in vielen Sprachen und verstanden einander nicht mehr. Sie können es immer noch nicht.

Aber ich, der Wind; ich fahr dahin über die Länder, die Völker, und es schmerzt mich ihre Zerrissenheit, ihre Feindschaft gegeneinander. War ich nicht bestimmt vom Schöpfer, der Lebensatem von allen Menschen zu sein? Ich möchte nicht noch einmal beitragen müssen, die Menschen zu strafen und sie auseinanderzutreiben wie Flugsand in der Wüste. Ich möchte zusammenbringen und heilen.

Da erhob auch das *Feuer* seine Stimme und sagte: Unheil über Unheil!
Ich bin das Feuer, und der Schöpfer erdachte mich und wies mir die Aufgabe zu, den Menschen Wärme und Licht zu bringen.
Aber die Menschen nehmen nicht nur die Gaben des Himmels, sie mißbrauchen sie auch.
Und der Schöpfer rief mich und sandte mich zu den Städten Sodom und Gomorrha, um die Menschen darin zu richten. Sie waren nämlich in ihrer Seele so verdorben, daß sie keinen Fremden in der Stadt duldeten. Traf trotzdem einer ein und fand ein Quartier für die Nacht, dann rotteten sie sich zusammen, brüllten niederträchtige Parolen und versuchten, mit Gewalt ins Haus einzudringen. Den Fremden forderten sie für sich, der habe kein Recht in ihrer Stadt, ein Gastrecht kennten sie nicht und wollten sie nicht, und wenn man nicht tue, was sie verlangten, seien sie imstande, die Türen aufzubrechen und das Haus in Brand zu setzen.

Aber Gott rief mich, und das Feuer, das sie selber in ihrer Verblendung dem Fremden zugedacht hatten, sollte nun mit ungleich stärkerer Wut über sie und die Stadt kommen. – Und ich holte die Macht der Brände von allen Seiten der Erde zusammen, die Hitze aus tausend Gluten, und das fuhr plötzlich über die Stadt hernieder wie ein furchtbarer Blitz und versengte alles zu Rauch und Asche.

Aber ich, das Feuer; ich will nicht mehr Rächer sein und mit Gewalt zerstören. Ich möchte Leben fördern und wärmen und erleuchten. Ich möchte beitragen zu heilen statt zu vernichten.

Und Gott, der Herr, hörte ihre Reden und Klagen und sagte: Wartet! Es kommt die Zeit, da werdet ihr bestimmt sein zum Guten, nicht zum Bösen; da werde ich euch brauchen, um ganz zu machen, was zerbrochen ist, und um heil zu machen, was unheil ist unter den Menschen.

Und als der Tag des Pfingstfestes endlich da war, bestimmte der Herr den Wind.
Und der Wind fuhr vom Himmel herab mit Brausen, aber es war nicht das Brausen des Sturms, der niederwirft und zerstreut. Es war das Brausen des Lebens, kraftvoll wie zahllose leben-

dige Atem aus zahllosen lebendigen Lungen, und der Wind strich um das Haus, in dem die Jünger versammelt waren, Erinnerungen austauschend über die Erlebnisse, die sie mit Jesus gehabt hatten, und die Trauer miteinander teilend, daß nun alles ganz anders geworden war ohne ihn, beinahe wie früher, als sei nichts Wesentliches geschehen. Sie lebten noch, aber die Lebendigkeit des Geistes war nicht in ihnen.

Da fuhr der Wind, der Gesandte Gottes, durch Fenster und Türen hinein ins Haus, zog die Jünger alle miteinander hinein in einen fröhlichen Wirbel, drang ein in ihre Nasen und Lungen und Herzen und machte ihren Atem frei und ihren Geist behende.

Und neben dem Wind, gerade zur selben Zeit, fiel Feuer herab vom Himmel auf die Erde, aber nicht Feuer, wie es auf Sodom gefallen war, plötzlich und verheerend wie ein furchtbarer Blitz, sondern tanzend und spielend. Das züngelte an den Wänden entlang und sprang hinauf an die Decke und verdarb und verbrannte doch nichts, sondern war wie ein Reigen aus Lichtern. Und dann bildeten sich kleine Flämmchen aus Feuer, die waren wie rotleuchtende Zungen, und sie tanzten, als folgten sie einer verborgenen Melodie, und sie drehten sich und zuckten vor sprühender Lebendigkeit. Und die Zungen aus Feuerflammen setzten sich, eine jede auf das Haupt eines Jüngers, und jedem war, als werde er durchströmt von Wärme und Licht.

Da hielt es die Jünger nicht mehr in der Enge des Hauses, sie liefen hinaus auf die Straße, lachten und sangen und redeten von der Gnade des Herrn, der den Atem des Lebens und das Feuer des Geistes gebe, damit alles neu werde und ganz.

Die Menschen, die das Schauspiel zu sehen bekamen, rieben ihre Augen, schüttelten die Köpfe und rätselten, ob sie da unter die Komödianten oder unter die Trunkenbolde geraten wären. Sie waren sich in dieser Beziehung nicht einig. Aber einig waren sie in anderer Hinsicht: Die Jünger redeten, und jeder konnte sie verstehen in seiner eigenen Sprache. Es war, als wären da unsichtbare Brücken geschlagen worden. Sie waren Ausländer aus allen Richtungen, jeder für jeden ein Fremder, jeder von jedem getrennt durch Sprache, Denken, Gewohnheiten, Sitten. Aber hier gab es auf einmal Brücken. Man verstand einander und man konnte über den Graben der Fremdheit hinweg zueinander finden, sich begegnen, Worte wechseln, Gedanken austauschen, sich verständigen. Der Beginn eines Prozesses, in dem Menschen anfangen, sich zu verstehen. Etwas Zerbrochenes fügt sich zusammen. Geteiltes, in Stücke zerschlagenes Leben beginnt, ganz zu werden. Getrenntes und in solcher Trennung unendlich verletztes Leben kann heil werden. Heil wird, was ganz wird.

Und das Dritte neben dem Wind, neben dem Feuer; das Wasser? Was ist mit dem Wasser und seinem Beitrag zum Heilwerden des Lebens unter den Menschen?

Die Geschichte von Pfingsten endet mit dem Wasser der Taufe. Dreitausend, heißt es, seien es gewesen, die sich an diesem Tag taufen ließen.

Wasser des Lebens: es erfrischt, es reinigt, es verbindet mit all den andern, die nicht leben können, ohne vom Wasser des Lebens zu trinken Tag für Tag.

Und der Wind war zufrieden und stob davon über die Felder, stieg hinauf in die Berge und stürmte von dort übermütig hinab in die Täler.

Das Feuer zog sich behutsam zurück.

Und das Wasser kehrte heim in die Betten der Flüsse und in die geräumigen Lager der Seen.

Die *Erde* aber hatte alles mitangesehen, hatte die Klagen der drei gehört und ihren Anteil am Heilwerden des Lebens verfolgt...

Ich interessiere mich besonders
für Bücher aus folgenden Sachgruppen:

- ❏ **Literatur**
- ❏ **Sachbuch / Themen der Zeit**
- ❏ **Taschenbücher**
- ❏ **Theologie /**
  Glaubensinformationen

An den
Quell Verlag Stuttgart
Postfach 10 38 52

70033 Stuttgart

Wenn Sie uns diese Karte mit Ihrer Adresse versehen zurücksenden, informieren wir Sie gerne regelmäßig über das Programm und die Neuerscheinungen aus dem Quell Verlag.

Diese Karte entnahm ich dem Buch:

_____

_____

_____

Name

Straße

Ort

Als Einsender dieser Karte nehmen Sie an der monatlichen Verlosung von drei Büchern aus dem Quell Verlag teil.

Wir wünschen Ihnen viel Glück!

Sie lächelte freundlich, aber sie war nicht glücklich wie die anderen.

Ich habe zu viel erlebt, sagte die Erde.

Ich bin alt geworden darüber.

Ich kenne die Menschen und ihre Launen. Oft genug habe ich selber sie zu spüren bekommen.

Ich will nicht bestreiten, daß alles Leben heil werden kann. Aber ich muß warten.

Die Menschen sind wankelmütig und verfallen auf Dinge, die niemand ahnen kann.

Sie sind imstande, gute Gaben wie das Wasser, den Wind, das Feuer zu mißbrauchen.

Sie können Stürme entfachen, die verheerend sind, Kriegsstürme, Hungersstürme.

Sie können Feuer der Wut und Feuer des Hasses entzünden und alles brennen und zerstören lassen mit der Macht von tausend Sonnen.

Sie können Fluten herbeiführen, die alles wegschwemmen, am Ende auch sie selber.

Die Gefahr bleibt immer, solange Menschen bleiben auf der Erde. Aber die Gefahr kann gebannt werden, wenn der Geist stark ist wie das Feuer und rein wie das Wasser und überall anwesend wie der Wind; der Geist Gottes nämlich, der heilen und ganz machen will.

So sprach die Erde und lächelte freundlich zum Himmel hinauf.

Kirche auf Rädern

Es ist noch eine Ruhe vorhanden
für das Volk Gottes.
Denn wer zu Gottes Ruhe gekommen ist,
der ruht auch von seinen Werken
wie Gott von den seinen.
(Hebräer 4)

Es war einmal eine schöne alte Kirche, die stand recht verborgen und abgelegen in einem Tal des Waldgebirges. In früheren Zeiten hatten Mönche den Weg in das Tal gefunden, sie hatten eine klare Quelle entdeckt und beschlossen, dort wohnen zu bleiben. Ein verstecktes Kloster entstand und unmittelbar dabei die Klosterkirche. Die Jahrhunderte waren hingegangen übers Land und hatten viel verändert, und auch im einsamen Tal des Waldgebirges hatte sich viel gewandelt. Die Mönche waren abgezogen, die Mauern des Klosters verfielen, nur die Kirche stand noch an ihrem Platz. Und die Menschen in der Umgebung, die sich auskannten, liebten diese Kirche. Sie besuchten sie, wenn sie konnten, an Sonntagen und manchmal auch an Werktagen und besonders zu den hohen Festzeiten, wo alles mit großer Feierlichkeit zuging, an Weihnachten oder Ostern. Dann drängten sich die Leute in der kleinen Kirche, daß sie sich ordentlich dehnte und streckte, um noch ein bißchen mehr Platz zu schaffen, und die Menschen hatten freundliche und nachdenkliche Gesichter und sangen ihre Lieder und sprachen ihre Gebete.

Aber auch damit war es anders geworden mit der Zeit. Immer seltener kam Besuch. Die alte Kirche stand da und schaute aus ihren Fenstern, die längst angefangen hatten, trüb und blind zu werden, und sie sah den Weg hinunter, auf dem die Menschen immer hergezogen waren, aber sie erkannte nur die Sonnenkatzen, die auf dem verlassenen Weg spielten, und ab und zu einen Vogel, der nach einem Korn oder nach einem Käfer pickte. Die Menschen aber blieben weg.

Das war nicht mit einem Mal geschehen, sondern nach und nach, wie eine Regentonne, die ein kleines Leck im Boden hat, nicht mit einem Mal alles Wasser verliert, sondern nach und nach, mit einer Langsamkeit, die den Vorgang beinahe unbemerkt bleiben läßt, aber auch mit einer Beharrlichkeit, die kein gutes Ende ahnen läßt. So war es also weniger geworden mit den Menschen bei der alten Kirche, und als sie es richtig erkannte, da war die Entwicklung schon weit fortgeschritten, und die kleine Kirche war ratlos und traurig.

Es war ein strahlender Sonntag im Herbst. Der Wald schwelgte in Farben. Das abgelegene Tal genoß die Stille ringsum, als wollte es das Beste des Jahres einsammeln und festhalten vor der Winterzeit. Die kleine Kirche blinzelte mit ihren trüb gewordenen Fenstern in die Sonne und wartete.

Und siehe da, es näherte sich tatsächlich ein Besuch auf dem schmalen Waldweg. Die Kirche schaute angestrengt und erkannte ein Ding, viereckig wie ein Kasten, das auf vier Stelzen daherkam. Das brauchte seine Zeit. Als das merkwürdige Ding endlich neben der Kirche anhielt und aus seinem großen viereckigen Fensterauge zu ihr emporblickte, dachte die Kirche: Es sieht trüb und blind aus wie meine Fenster, wir scheinen in ähnlicher Verfassung zu sein.

Aber das Ding begann sogleich zu reden, und zwar so, daß die Kirche meinte, es hätte haargenau ihre Gedanken erraten. Denn es sagte: »Da sieh mal an, du hast ja nicht bloß eine Mattscheibe, sondern gleich mehrere. Nun schalt mal ein, wie viele Programme lieferst du denn?«

Die Kirche fühlte sich ein wenig verwirrt und erwiderte zögernd: „Verzeihung, aber ich verstehe nicht recht, was ich einschalten soll, und Programme habe ich eigentlich auch nicht. Das heißt«, korrigierte sie sich, indem sie, beinahe schon ein wenig schamhaft, hinzufügte: »Es gab da allerdings ein Programm bei mir, früher, das hieß Gottesdienst, verstehst du?«

»Nicht genau«, murmelte das Kastending auf seinen Stelzenbeinen, »aber was ist denn jetzt mit diesem Programm?«

»Es ist vorbei«, flüsterte die alte Kirche, »weißt du, die Leute...«

»Natürlich weiß ich«, rief das Kastending, »es ist also abgesetzt worden, ruck zuck, kein Publikumsinteresse, keine Einschaltquoten, Schluß, aus, Sense!«

Die kleine Kirche hatte das Gefühl, nicht alles ganz exakt zu begreifen, was ihr Besucher da von sich gab, aber im Grunde mußte sie ihm zustimmen. »Tja«, sagte sie und hob ihre Schultern, daß rechts und links ein paar Dachziegel zu Boden schepperten. »Tjaja, die Leute sind fort, und ich weiß nicht, wo sie sind.«

Das Kastending lachte, daß es in seinem Innern bedenklich rumpelte. »Wo sollen sie sein, die Leute«, rief es vergnügt, »das ist doch sonnenklar. Sie sind bei mir, und ich bin immerzu bei ihnen!«

Die alte Kirche runzelte ihre Stirn. Da hatte sich offenbar jemand eingefunden, der ohne jedes Maß zu prahlen wußte und dabei auch noch zu erwarten schien, daß man ihn ernst nahm.

Aber die Kirche war über all die Jahre und Jahrhunderte viel zu ehrwürdig und zu höflich geworden, als daß sie dem Kastending ihren Verdacht einfach auf den platten Kopf zugesagt hätte.

»Wie heißt du?« fragte die Kirche also ausweichend.

»Ich heiße Tele-wischen«, sagte der Besucher mit vernehmbarem Stolz, und die alte Kirche fand, daß dem Namen etwas Flüchtiges anhafte, wie einem Windstoß, der um die Ecke fährt.

»Tele-wischen«, wiederholte die alte Kirche, »das klingt merkwürdig. – Und du sagst, du bist immerzu bei den Menschen?«

»Sozusagen«, erklärte das Kastending, »man muß eben ordentlich auf Draht sein heutzutage, oder auf Kabel, wenn du willst.«

»Warum?« fragte die alte Kirche.

»Du stellst Fragen«, lachte das Ding, das sich Tele-wischen genannt hatte, »das ist doch ganz einfach. Wenn man die Leute haben und für sich gewinnen will, dann muß man zu ihnen kommen, direkt ins Haus und in ihre gute Stube und mitunter auch ins Schlafzimmer. Man muß jederzeit präsent sein und überall und völlig ungeniert. Jederzeit und überall, das ist das Erfolgsrezept.«

Die alte Kirche schwieg und dachte nach. Das Ding fing an, ihr ärgerlich zu werden. Ein lächerlicher Kasten auf vier Stelzenbeinen und mit einem etwas vorstehenden matten Glubschauge. Was der sich einbildete! Der wollte dicht bei den Menschen sein, jederzeit und überall: ein billiger, ekelhafter Aufschneider war das. Und in der kleinen alten Kirche reifte der Entschluß, es dem Prahlhans zu zeigen.

»Sag mal«, begann sie lauernd, »wenn du so dicht bei den Menschen bist, jederzeit und überall – wie machst du das? Vielleicht kannst du mir die Sache verraten, denn ich würde es dir gerne nachmachen.«

Und wieder lachte das viereckige Kastending und meinte abschätzig: »Man muß gehörig schnell sein, weißt du? Und das wirst du nicht schaffen.«

»Warum nicht?« fragte die Kirche gekränkt.

»Weil du starr bist«, sagte der Kasten. »Starr und unbeweglich. Wie lange trittst du schon auf der Stelle? Jahrhunderte wahrscheinlich! Du stehst einfach da und kommst nicht voran. Und die Zeit geht an dir vorüber. Alles geht an dir vorüber, meine Gute, und du bleibst auf der Strecke. Du bist schon lange abgehängt, du hast dir allem Anschein nach deine Beine schon so tief in den Bauch gestanden, daß sie gar nicht mehr zu sehen sind.«

Jetzt war die kleine Kirche richtig wütend. »So, meinst du?« rief sie in heller Empörung, »du auf deinen Stelzenbeinen und mit dem Fenster, das viel kleiner und noch viel matter als mein Fenster ist? Ich werde dir beweisen, daß ich mit Leichtigkeit schneller bin als du und vor dir bei den Menschen ankomme, wo immer du willst.«

Der Kasten tat erstaunt: »Donnerwetter«, sagte er, »jetzt hast du deinen Mund aber mächtig voll genommen.«

»Und ich werde es dir beweisen«, bekräftigte die alte Kirche, »in einer Woche kann der Wettkampf beginnen.«

»Meinetwegen«, sagte das Kastending, »ich werde rechtzeitig zurück sein.« Die alte Kirche sah das Ding, das sich Tele-wischen genannt hatte, davonstelzen, und es erreichte wirklich keine beängstigende Geschwindigkeit dabei.

Und doch verfiel die alte Kirche mit einem Schlag in die tiefste Mutlosigkeit. Sie war eine Wette eingegangen, daß sie sich bewegen könne, buchstäblich fort von der Stelle bewegen, und

dies obendrein in unvorstellbarer Geschwindigkeit. Wann hätte sie sich überhaupt jemals bewegt! Vor vier Jahrhunderten hatte es einmal
eine Erschütterung gegeben im Waldgebirge,
ein beträchtliches Beben war es gewesen tief aus
dem Erdinnern, und da hatte sich tatsächlich
etwas bewegt bei ihr, aber ihr war bloß speiübel
geworden dabei, als die Umfassungsmauern
plötzlich hin und herruckten, und sie war heil-
froh gewesen, als alles wieder zur Ruhe und zum
vertrauten Stillstand gekommen war.

Und jetzt diese eitle und hirnrissige Wette! Die
alte Kirche tat, was sie in ähnlichen Fällen schon
öfter getan hatte: sie machte die Augen zu und
überließ sich den beruhigenden Armen des
Schlafs.

Am nächsten Morgen war sie erfrischt und erheblich besser gestimmt und konnte die Angelegen-
heit mit der Wette bei weitem nicht mehr so aus-
sichtslos finden wie am Abend zuvor. Natürlich
würde sie Hilfe brauchen, aber im Nachtschlaf
war ein Plan in ihr gereift, und sie hielt es für
denkbar, ihn glücklich auszuführen.

So ließ die kleine alte Kirche im Talgrund ihre
Glocken läuten, wie sie es seit geraumer Zeit nur
noch einmal im Jahr zu tun pflegte, nämlich
beim Neujahrstag der Tiere, und der Klang der

Glocken schwang durchs Waldgebirge, brach sich an Felswänden und echote zurück, und ehe die Glocken zu Ende waren mit ihrer Arbeit und wieder verstummten, raschelte es hier in den Büschen, trampelte dort durchs Gehölz, und bald waren die Rasenflecken vor und neben der Kirche bevölkert mit allem Getier des Waldes.

»Was willst du, es ist nicht Neujahrstag«, fragte ein Hirsch mit mächtigem Geweih, und der kleinen alten Kirche blieb nicht verborgen, daß der Unmut seine Stirn in Falten legte.

»Ich weiß«, begann sie also vorsichtig, »daß heute nicht euer Neujahrstag ist. Aber wir sind Freunde geworden über all die Jahre, und ich habe euch gern um mich versammelt, aber jetzt brauche ich eure Hilfe.« Und die Kirche erzählte den Tieren, was vorgefallen war und daß sie gewettet hatte, schneller als das Kastending auf Stelzenbeinen, das sich Tele-wischen genannt hatte, bei den Menschen zu sein.

Der Hase bedeckte seine Augen mit seinen langen Löffeln und stöhnte: »Sie muß verrückt geworden sein!«

Der Bär schüttelte nur den Kopf und brummte: »Arme Kirche! Wo bist du jetzt bloß hineingeraten?«

Aber die kleine Kirche hatte nicht die Absicht,

sich von den trostlosen Kommentaren beeindruk-
ken zu lassen, die sie von allen Seiten zu hören
bekam. Sie setzte sich einfach darüber hinweg,
unterbrach das Gejammer und Geraune und rief:
»Wenn ihr wollt, könnt ihr helfen, und wenn ihr
helft, werde ich gewinnen.«
»Aber wie?« grunzte das Wildschwein.
»Ganz einfach«, erwiderte die Kirche, »ich brauche Räder. Räder sind schneller als Stelzen. Auf
Rädern komme ich überall hin, schnell wie der
Wind. Und wenn mir die Menschen davonlau-
fen, allein oder in Scharen, dann jage ich ihnen
nach – auf Rädern. Ich muß eine Kirche auf
Rädern sein. Räder sollen rollen für den...«
»Nanana«, warf die Eule ein, die mit halb ge-
schlossenen Augen und doch hellwach auf einem Fenstersims hockte, »gib acht, meine Teure,
du steigerst dich da in etwas hinein! – Aber sonst;
ich finde es zwar reichlich verwegen, was du da
angezettelt hast, und außerdem, wenn du gestat-
test, ein bißchen beschränkt, aber da mußt du selber durch, und wenn wir dir helfen können, auf
die Räder zu kommen, so erkenne ich keinen
zwingenden Grund, dir deine Bitte abzuschla-
gen.«
Die Eule gab sich immer beträchtliche Mühe,
geistreich zu reden, aber man muß einräumen,

daß sie es gewöhnlich schaffte, die anderen Tiere für ihre Sicht der Dinge zu gewinnen. So war es auch diesmal. »Nur«, setzte die Eule abschließend hinzu, »wir müssen uns natürlich im klaren sein darüber, daß wir das Werk nicht zustandebringen ohne die Beteiligung der Waldgeister, der Elfen, Kobolde und Zwerge.« Auch dem stimmte die Versammlung einhellig zu, und dann stoben sie auseinander, die einen ins Dunkel des Waldes, die anderen auf die Höhe der Berge und die dritten ins Geäst und auf die Wipfel der Bäume.

In den folgenden Tagen herrschte große Betriebsamkeit im Waldgebirge, und in den Nächten, wenn die Waldgeister Hand anlegten, beinahe noch mehr. Da wurde gesägt und gehobelt und gehämmert und gewuchtet, und am frühen Morgen des Wettkampftages stand die kleine Kirche etwas unsicher, aber strahlend vor Glück auf ihrer Lichtung im Tal, und sie stand auf Rädern!

Das Kastending, als es pünktlich auf seinen Stelzen dahergewackelt kam, schien seinem matten Fensterauge nicht zu trauen und grummelte: »Wer hätte das gedacht? Du bist also doch imstande, dich zu verändern!«

Dann wurden die Regeln des Wettlaufs vereinbart. Man wollte zur selben Zeit aufbrechen, ein Ziel ansteuern und auf dem schnellsten Wege zum Ausgangspunkt zurückkehren. »Ziel ist das erste Haus im ersten Ort, den wir antreffen«, schlug der Kasten vor, und die kleine Kirche war einverstanden. Sie stellten sich nebeneinander auf, und dann wurde »Los!« gerufen, und die kleine Kirche rollte auf ihren Rädern, ein bißchen zaghaft fürs erste, aber bald immer zügiger, und die Räder drehten sich wie im Wirbel, daß der Staub flog und die Pfannen auf dem Dach verdächtig klirrten und die Scheiben in den Fensterrahmen zitterten. »Womöglich ist das Tempo nicht bloß ungewohnt, sondern schädlich für meine Gesamtverfassung«, dachte die kleine Kirche, »aber was sein muß, muß sein, und den Sieg im Wettkampf mit dem Kastending und die Genugtuung, schneller als dieses bei den Leuten zu sein, muß ich mir wirklich etwas kosten lassen.« Der Tele-wischen-Kasten auf seinen Stelzenbeinen war weit zurückgeblieben und lange schon außer Sicht. Er hatte auch keine Eile. Er ging vielmehr die paar Schritte, die er nach vorn getan hatte, gemächlich wieder zurück und stellte sich geduldig wartend am Startplatz auf.

Die Kirche auf Rädern hatte inzwischen in voller Fahrt das Waldtal verlassen, war auf die Straße eingebogen, hatte noch ein wenig an Geschwindigkeit zugelegt und nacheinander ein Bauernfuhrwerk, einen Reisebus und eine Polizeistreife hinter sich gelassen, ehe sie beim ersten Haus des ersten Ortes mit scharfer Bremsung zum Stehen kam. Im oberen Stockwerk des Hauses war ein Fenster geöffnet, die kleine Kirche schaute hinein – und erstarrte zur völligen Bewegungsunfähigkeit, als hätte sie niemals Räder unter dem Leib gehabt. In der Ecke des Raumes stand doch tatsächlich das Kastending, das sich Tele-wischen nannte, und ein paar Kinder knieten davor und staunten es an, und auf seinem Fensterauge, das plötzlich gar nicht mehr matt war, hüpfte und tanzte das Bild eines lustigen Igels, der rief: »Ick bün al hier! Ick bün al hier!«

Es verging eine Weile, bis die kleine Kirche auf Rädern einigermaßen gefaßt und zu dem Ergebnis gekommen war, daß bislang noch keineswegs alles verloren war, denn nach den vereinbarten Regeln sollte Sieger sein, wer als erster den Ausgangspunkt des Rennens wieder erreichte.

Also machte die kleine Kirche wieder kehrt, daß die Räder quietschten, schoß die Straße entlang, in den Talweg hinein, achtete nicht auf Regenlöcher, Holzstücke und Steinschlag, auch nicht auf alarmierendes Ächzen in ihrem Gebälk und auf das Klirren von Dachziegeln, die sich von der tollen Fahrt verabschiedeten und zu Boden gingen, sie starrte nur wie im Delirium der Geschwindigkeit nach vorn und rollte schnaufend vor ihrem alten Standplatz aus.

Wie im Traum erkannte sie das Kastending, das gelassen auf seinen Stelzenbeinen am Startpunkt wartete, und auch jetzt spiegelte sich auf seinem Fensterauge wieder die Figur des fröhlich tanzenden Swinegel, der fortwährend rief: »Ick bün al hier! Ick bün al hier!«

Diesmal benötigte die kleine alte Kirche erheblich länger Zeit, sich zu erholen. Nicht nur, weil sie außer Atem war. Sie empfand auch heftige Schmerzen an allen Ecken und Enden, die Seitenwand hatte Risse davongetragen, von der Decke rieselte der Kalk, ein Fenster war gebrochen.

»Du siehst mitgenommen aus«, sagte das Kastending grinsend, »mir will es beinahe so vorkommen, als sei es dir nicht eben bekömmlich, schnell sein zu wollen wie ich, so schnell bei den Leuten und so ungeniert überall.« Damit grüßte der Kasten, lachte noch einmal und trottete davon.

Als es dämmerte, stand die kleine alte Kirche immer noch erschöpft und unschlüssig auf ihren

Rädern herum. Und sie wäre sicher ganz verzweifelt, wenn nicht – eins nach dem andern – die Tiere des Waldgebirges herbeigekommen wären und sie getröstet hätten.

»Wir sind froh, daß du hier auf der Stelle bleibst«, sagte der Hase. »Schnell sind wir selber und rennen herum den ganzen Tag und das ganze Leben. Bei dir sind wir gern, weil wir ausruhen können von allem Gerenne und innehalten bei aller Flüchtigkeit. Es ist gut, wenn du da bist und bleibst.«

»Außerdem war es eine zimlich verrückte Idee, dieses Wettrennen mit dem Kastending anzufangen«, ergänzte der Bär, dem alles Eilige ein Greuel war. »Sieh mich an«, fuhr er fort, »ich bewege mich langsam, und am liebsten liege ich auf meiner Bärenhaut. Und jeder Schritt, den ich tue, ist das Ergebnis ausgiebigen Nachdenkens, und beim Liegen auf der Erde und beim Träumen in der Sonne spiegeln sich alle Schönheiten der Welt in meiner Seele. – Schnell sein dagegen – das kann auch der Dümmste ...«

»Kein Neid, mein Lieber, nur kein Neid!« warf der Hase ein, aber der Bär brummte gemütlich weiter: »Schnell sein kann auch der Dümmste, aber ich frage mich, ob er mehr sieht und Wichtigeres erlebt in seiner Haut. Kurzum, mir scheint, kleine Kirche, du mußt da sein und immer da bleiben. Und du mußt uns daran erinnern, wie wichtig es ist, anzuhalten und Zeit zu haben, um richtig warten und schauen und lauschen und träumen zu können. Wir könnten es sonst vergessen.«

»Und meine Räder?« fragte die kleine Kirche.

»Die bauen wir wieder ab«, sagte der Rotfuchs, »und schenken sie dem Kastending, damit es noch schneller herumsausen kann bei den Menschen.«

Es war das erste Mal seit Stunden, daß die kleine alte Kirche wieder lächeln konnte. »Ach ja«, seufzte sie dann, »und die Menschen? Sie sind überall bei dem Kastending, und ich fürchte, ich erreiche sie nicht mehr.«

»Wer weiß«, sagte die Eule und sperrte ihr rechtes Auge auf, was allen Anwesenden unmißverständlich bewußtmachte, daß nun ein Wort von tiefster Bedeutung zu erwarten war: »Wer weiß«, raunte die Eule, »vielleicht entdecken die Menschen dich wieder, meine Teure, wenn sie genug herumgerannt sind, ohne anzukommen.«

Sommer

Sommerfrische

Zupf dir ein Wölkchen aus dem Wolkenweiß,
Das durch den sonnigen Himmel schreitet.
Und schmücke den Hut, der dich begleitet,
Mit einem grünen Reis.

Verstecke dich faul in der Fülle der Gräser.
Weil's wohltut, weil's frommt.
Und bist du ein Mundharmonikabläser
Und hast eine bei dir, dann spiel, was dir kommt.

Und laß deine Melodien lenken
Von dem freigegebenen Wolkengezupf.
Vergiß dich. Es soll dein Denken
Nicht weiter reichen, als ein Grashüpferhupf.

Joachim Ringelnatz

Sonnenblumen

Schaut die Lilien auf dem Felde an,
wie sie wachsen;
sie arbeiten nicht, auch spinnen sie nicht.
Ich sage euch,
daß auch Salomo in all seiner Herrlichkeit
nicht gekleidet gewesen ist
wie eine von ihnen.
Wenn nun Gott das Gras auf dem Feld so kleidet,
das doch heute steht
und morgen in den Ofen geworfen wird:
sollte er das nicht viel mehr für euch tun,
ihr Kleingläubigen?
(Matthäus 6)

Die Stadt im Norden war grau und kalt. Die Häuser duckten sich vor dem Wind, die Menschen verkrochen sich in ihre warmen Stuben, die Vögel erschraken, wenn sie vorüberkamen, und flohen hastig nach Süden.

Grau und kalt war es auch im Sommer. Das Denkmal auf dem Platz mitten in der Stadt war einsam und grämte sich, weil es von niemandem besucht und bewundert wurde. Der alte Graf, den das Denkmal darstellte, schaute mürrisch in die Runde, als verüble er den Bürgern ihren Mangel an Respekt und Aufmerksamkeit.

Die Stadtväter im Rathaus zerbrachen sich die Köpfe und suchten nach Lösungen, die Stadt freundlich, hell und schön erscheinen zu lassen, wenigstens im Sommer. »Wir können nicht Gäste anlocken aus der Ferne, wenn die Stadt grau und kalt bleibt«, sagte der Bürgermeister, und die Ratsherren nickten eifrig.

Also wurden Pläne gemacht, die Stadt schöner und freundlicher zu gestalten. Eine Halle sollte gebaut werden, ganz aus Glas. Eine Einkaufsstraße sollte entstehen unter der Erde. Und der Platz rund um das Denkmal des Grafen sollte mit Platten, die wie Marmor glänzten, belegt werden.

Die Arbeiten begannen, Maschinen hämmerten und dröhnten, und der Platz um das Denkmal veränderte sein Gesicht.

Nur in einer Ecke des Platzes veränderte sich nichts. Dort wohnte die alte Käthe in ihrem baufälligen Häuschen. Es war derart eingeschlossen von den hohen Gebäuden ringsum, daß es von keinem Sonnenstrahl erreicht wurde, weder im Sommer noch erst recht im Winter. Aber die alte Käthe hatte vor ihrem Häuschen einen winzigen Blumengarten angelegt, in dem sie sich jeden Tag zu schaffen machte. Sie harkte die Erde, suchte Unkraut, goß die Pflanzen und hütete ihr Wachstum wie ein Hirte seine Herde. Und es war doch eine traurige Mühe. Nichts wollte recht gedeihen auf der harten Erde und im Schatten der Häuser und bei der Kälte, mit der jede Nacht die Stadt überzog wie mit einem frostigen Schleier. Die Blumen steckten nur zaghaft ihre Köpfe aus der Erde, kümmerten und kränkelten und fanden nicht die Kraft, sich zu entfalten.

Das wacklige Häuschen der alten Käthe ist eine Schande für die Stadt, sagten die Leute, und ihr elendes Gärtchen mit den erbärmlichen Pflanzen darin ist wie ein Geschwür im schönen Angesicht des Platzes rund um das Denkmal des Grafen. Die Ratsherren beschlossen, das Gärtchen zu entfernen und marmorglänzende Platten bis an den Sockel des Häuschens zu verlegen.

Aber die alte Käthe wehrte sich. Sie wollte das Gärtchen nicht hergeben und verteidigte es wakker, wie ein Ritter seine Burg. Die Blumen in meinem Garten sollen leben, rief sie, sie dürfen nicht sterben unter dem kalten Stein, den ihr darüberlegen wollt, sonst wird es am Ende noch grauer und noch kälter in der Stadt und auf diesem Platz.

Die Leute verstanden es nicht, tippten mit den Fingern an ihre Stirnen, schalten sie verschroben und verrückt und lachten sie aus. Dein Garten ist ein Dreckloch, sagten sie, es wächst und blüht doch nichts darin. – Man muß warten und man muß mit dem Herzen dabei sein, dann wird alles zum Blühen kommen, antwortete die alte Käthe trotzig und feuchtete die kümmerlichen Pflanzen mit ihrer Gießkanne. In der Nacht aber, wenn die Sorge um den Bestand des Blumengärtchens ihr den Schlaf raubte, flehte sie zum Himmel, es möge ihr Hilfe zukommen von oben, Kraft für das Wachstum der Blumen und Kraft für ihren Widerstand gegen die Pläne der Ratsherren.

Doch die dachten nicht daran, ihre Absichten zu ändern und ihre Maßnahmen zur Verschönerung der Stadt einzuschränken. Der Bürgermeister persönlich erschien am niedrigen Zaun des Gärtchens und verlas der Alten eine strenge Aufforderung, ihr Gartenstück zu räumen und den städtischen Planungen nicht im Wege zu stehen. Die alte Käthe nahm das Schriftstück freundlich entgegen, faltete es sorgfältig, zerriß es lächelnd und reichte das Ergebnis dem Bürgermeister zurück, der verblüfft zugesehen hatte und kein Wort über die Lippen brachte.

Wenig später erschien der Stadtpolizist in seiner würdigen Uniform, straffte sich vor der Alten und erklärte, sie dürfe nicht länger den Gang der

Dinge aufhalten, andernfalls müsse sie mit empfindlichen Strafen rechnen, mit Enteignung gewiß und vielleicht auch mit Haft. Die alte Käthe zeigte sich wenig beeindruckt. »Als du ein kleiner Junge warst, hast du Tag für Tag an meinem Fenster gestanden und auf ein Himbeerbonbon gewartet, das ich dir schenken würde«, sagte sie. »Mir wäre es lieber, du kämst auch jetzt und wolltest ein Himbeerbonbon, statt solche garstigen Sachen zu sagen«, fügte sie hinzu, schüttelte den Kopf und ließ den Polizisten einfach stehen.

Die Halle aus Glas wurde fertig, als der nächste Sommer kam, die Einkaufsstraße im Untergrund ebenfalls, aber es blieb kalt und unfreundlich in der Stadt und auf dem Platz mit dem Denkmal des Grafen. Gäste aus der Ferne blieben aus, und auch die Bürger aus der Stadt spazierten nur vereinzelt über den Platz und fanden keinen Anlaß, sich dort niederzulassen und sich wohlzufühlen. Die alte Käthe besorgte unverdrossen ihr Blumengärtchen, das sie nicht hergegeben hatte, und es wuchs kaum etwas aus der nackten braunen Erde, wie in den Sommertagen früherer Jahre.

Eines Tages schlugen die Ratsherren in ihrer Versammlung mit den Fäusten auf den Tisch und versicherten sich gegenseitig, am Ende ihrer Geduld zu sein. Bei der alten Käthe traf bald darauf ein großer Brief mit gewichtigen Stempeln der Stadtverwaltung ein, in der ihr ein Ultimatum gestellt wurde: Falls sie das verwahrloste Gelände unmittelbar vor ihrer Haustür nicht umgehend der Stadt zum Zweck der Neugestaltung anvertraue, werde gewaltsam durchgegriffen.

Die alte Käthe dachte darüber nach, welche Art von Gewalt die Stadtverwaltung wohl anzuwenden gedenke; ob man eine Kanone auffahren oder mit einem Panzer durchs Gatter und über die armen Pflänzchen herfahren wolle. Aber lustig fand sie es nicht. Und als es Nacht wurde, befiel sie die Furcht vor dem Angedrohten, und ihre Seufzer um Hilfe flohen hinauf in den Himmel.

Sie wurden aufgenommen von drei Engeln, die sich nach kurzer Verständigung einig waren, daß der alten Käthe bei ihrem Kampf um Blumen des Sommers in der kalten Stadt beizustehen sei. Sie machten sich auf und langten noch in derselben Nacht vor dem schiefen Häuschen der alten Käthe an.

Als erster trat der Engel der Wärme vor. Er breitete seine mächtigen Flügel aus und hielt sie schützend über das arme Gärtchen, so daß die Nacht mit ihrem kalten Schleier und der Wind mit seinem beißenden Gebläse nicht mehr hinein konnten.

Als nächster trat der Engel des Lichts hinzu, der ließ seinen Glanz und sein Leuchten auf die karge Erde fallen und lockte die Pflanzen, herauszukommen und sich dem Licht entgegenzustrecken.

Und schließlich gesellte sich der Engel der Fruchtbarkeit dazu, der segnete die Erde und gab den Blumen Kraft, zu wachsen und zu blühen.

Am anderen Morgen schien eine helle, strahlende Sonne vor dem Häuschen der alten Käthe. Jedenfalls meinten das die Leute, die vorüberkamen und sich wunderten. Und als sie nähertraten, entdeckten sie, daß es nicht die Sonne selbst war, sondern ein kleiner dichter Wald von Sonnenblumen, die das kleine Gärtchen der alten Käthe füllten.

Im Lauf des Vormittags fanden sich immer mehr Besucher ein, bewunderten die Schönheit und das Leuchten der Sonnenblumen und konnten nicht genug lobende Worte über die Meisterschaft der alten Gärtnerin finden.

Nur der gußeiserne Graf auf seinem Sockel schaute finster, weil alle achtlos an ihm vorübereilten, um das Wunder im Gärtchen der Alten zu sehen.

»Nun ist also doch der Sommer in unsere Stadt gekommen«, sagte der Lehrer, der seinen Schulkindern freigegeben hatte, damit sie die wunderbaren Sonnenblumen betrachten könnten. »Sommer ist eben nur, wo Blumen sind«, setzte er hinzu. »Mit gläsernen Hallen und marmorglänzenden Steinen schafft man keinen Sommer in die Stadt.«

Ein Ratsherr neben ihm, der die Bemerkung vernommen hatte, machte ein saures Gesicht, räusperte sich und erklärte: »Was da aufgeschossen ist, kann nicht von Dauer sein. Eine Nacht, so wie die Nächte sind in unserer Stadt, grau und kalt, und die ganze goldene Herrlichkeit sinkt in sich zusammen und verrottet!«

Die Umstehenden erschraken, denn es schien ihnen naheliegend, was der Ratsherr vermutete. Wie sollten die schönen, aber empfindlichen Blumen im kalten Atem der Nacht überleben?

Einige holten ihre Kameras, um die Sonnenblumen abzulichten. Wenn sie schon so rasch vergehen müssen, meinten sie, so wollen wir doch wenigstens Erinnerungsbilder festhalten für das Album. Es war wie eine vorzeitige Totenfeier.

Als es Abend geworden war und die Nacht sich schwer und gebieterisch über die Stadt senkte, trafen die drei Engel wieder beim Gärtchen der alten Käthe ein, schützten die Blüten und hegten und stärkten ihr Wachstum.

Die Menschen auf dem Platz konnten anderntags mit Erstaunen feststellen, daß die Sonnenblumen nicht abgestorben, sondern noch üppiger aufgelebt waren. Man vernahm die Stimmen von Vögeln, die sich zwischen Blättern und Stengeln der Pflanzen verborgen hielten, eine Kostbarkeit, die völlig unvertraut war in der grauen, kalten Stadt.

Ein Redakteur der örtlichen Zeitung fragte die alte Käthe, wie sie es angestellt habe, eine Wüste in einen Blumengarten zu verwandeln, und sie erwiderte nur: »Man muß warten und mit dem Herzen dabei sein, dann kommt es zum Blühen, überall.«

Aber die Alte sagte es mit leiser Stimme und mit einem Gesicht, als sei ein Schatten darüber gegangen und als lebe eine Ahnung in ihr, die nichts Gutes verhieß.

Zunächst schien freilich alles zur vollen Zufriedenheit der Leute weiterzugehen. Das Wunder hielt an. Die Sonnenblumen blühten, die Engel bewahrten sie vor den Angriffen der Nacht und ließen sie jeden Morgen frisch erscheinen. Die Menschen verloren nicht das Interesse an dem ungewohnten Schauspiel, versammelten sich vielmehr in immer größeren Scharen. Aus der Umgebung reisten Ausflügler mit Bussen an. Fliegende Händler, Wurstverkäufer und Getränkehändler bauten ihre Buden rund um das Denkmal des Grafen auf, der deswegen keineswegs wohlwollender um sich blickte. Ein Losverkäufer pries überraschende Gewinne an und überflutete den Platz mit schriller Musik, der niemand entkam. Die Stadtverwaltung aber hatte den Zugang zum Gärtchen der alten Käthe abgeriegelt und nahm Eintrittsgeld für die Möglichkeit, die Sonnenblumen zu betrachten.

Da beschlossen die Engel, ihre nächtliche Hilfe einzustellen und das Gärtchen nicht mehr zu besuchen. Die alte Käthe hatte es lange geahnt, und als sie eines Morgens die Gardine ihres Fensters beiseiteschob und hinausschaute, waren die Sonnenblumen welk und neigten ermattet ihre Köpfe zur Erde.

Seht, sagten die Leute, der Sommer ist vorüber. Aber er wird wiederkommen, so sicher, wie es Tag wird nach der Nacht.

Aber die alte Käthe, die es hörte am Fenster ihrer Stube, schüttelte schweigend ihren Kopf und dachte: Es ist nicht wahr, was ihr denkt und redet. Denn es wird uns genommen, was wir für selbstverständlich halten, als sei es immer da oder komme immer neu. Nur das Wunderbare hat Dauer. Und wir sehen und begreifen es nur mit einem Herzen voll Dankbarkeit.

Der Winter kam und mit ihm die große Kälte. Die alte Käthe war krank und lag in hohen Kissen auf ihrer Bettstelle. Der Arzt besuchte sie, verordnete Tropfen und Umschläge, aber er mußte wiederkommen, denn der Zustand der Alten verschlechterte sich.

Eine Abordnung von Ratsherren erschien in der Schlafkammer der Alten und äußerte Wünsche für eine baldige Genesung. Es muß doch wieder Sommer werden in unserer Stadt, sagten sie, wie soll es Sommer werden, wenn die Sonnenblumen nicht wachsen in deinem Gärtchen? Und wie sollen die Sonnenblumen wachsen, wenn du sie nicht pflegst und umsorgst mit deiner Liebe?

Die alte Käthe dankte den Ratsherren für ihre guten Worte, dann richtete sie sich in ihren Kissen ein wenig auf, blickte die Herren aus großen, weit geöffneten Augen an und sagte: »Es hat alles seine Zeit, und ich werde euch nicht mehr helfen können, daß es Sommer wird in der grauen Stadt. Da müßt ihr selber das Rechte tun. Ich aber habe in der letzten Nacht drei Engel gesehen, einer strahlend wie das Sonnenlicht, einer freundlich wie ein wärmendes Feuer und einer kräftig wie ein junger Baum. Sie standen dort am Fußende meiner Bettstatt, und ich wußte sogleich, daß es die Engel waren, die mir die Sonnenblumen geschenkt und sie gepflegt und geschützt hatten. Sie lächelten alle drei, und wenn ich je Angst gehabt habe: In diesem Augenblick war sie verflogen. Und ich hörte die Engel sagen: Der Sommer ist dahin wie die Jahre deines Lebens. Aber die Sonnenblumen warten. Sie warten, daß du kommst und sie anschaust und pflegst. Wir werden dich bei der Hand nehmen und führen. Denn wir wissen den Weg. Komm mit ins Land, wo die Sonnenblumen nicht aufhören zu blühen und wo der Sommer nicht weichen muß vor einem Winter mit seiner Kälte.«

»Das Land der Sonnenblumen«, wiederholte die alte Käthe noch einmal, als sie ihren Kopf langsam in die Kissen zurücksinken ließ und seufzte. Aber es war kein Seufzer der Bedrängten. Es war ein Seufzer der Erlösung.

Als man den Sarg der alten Käthe auf den Friedhof hinaustrug, fiel Schnee in dichten Flocken. Und wer am nächsten Tag an der Grabstelle der alten Käthe vorüberkam, fand sie übersät mit goldgelben Sonnenblumen. Und niemand wußte, woher und auf welche Weise sie dorthin gekommen waren.

Wege zum Leben

Du tust mir kund den Weg zum Leben:
Vor dir ist Freude die Fülle
und Wonne zu deiner Rechten ewiglich.
(Psalm 16)

Vor langer Zeit, als Handwerksburschen noch auf die Wanderschaft gingen, war einer von ihnen aufgebrochen von daheim. Der Abschied war ihm nicht schwer gefallen, denn daheim kannte er sich aus, und er wollte Neues kennenlernen: die Welt und das Leben.

So wanderte er los und war guter Dinge. Aber eines Abends geriet er in einen großen Wald, und der Weg, den er gegangen war, verzweigte sich, und er wandte sich einmal nach rechts, schlug dann eine Abzweigung nach links ein und hatte sich, als es dunkel wurde, restlos verlaufen. Da warf er seinen Stock in den Graben und wollte sich eben, erschöpft wie er war, unter einen Strauch zum Schlafen legen, als er durch die Baumstämme und Zweige ein Licht blinken sah. Gleich war er wieder auf den Beinen und lief dem Licht entgegen. Er merkte bald, daß es der

Kerzenschein in einer versteckten Waldhütte war, und als er näher trat und vorsichtig durchs Fenster schaute, saß da ein alter Mann am Tisch und las in einem dicken Buch.

Der Alte da drinnen sieht nicht unfreundlich aus, dachte unser Handwerksbursche und klopfte an die Tür. Eine freundliche Stimme rief ihn herein und fragte, was es gebe.

Der Bursche drehte seinen Stock ein wenig verlegen in den Händen und sagte: »Ich habe – meinen Weg verloren.«

»Deinen Weg verloren«, wiederholte der alte Mann, indem er nachdenklich mit dem Kopf nickte. »Hattest du ihn denn schon gefunden?«

Unser Handwerksbursche fühlte sich etwas verwirrt durch diese Frage – alte Leute sind doch häufig ein bißchen seltsam, dachte er, dann antwortete er: »Ich war auf dem Weg hinaus in die Welt, hinein ins Leben.«

Der Alte schaute ihn eindringlich an. Dann lächelte er plötzlich und sagte: »Mein junger Freund, ich glaube, du bist einfach losgelaufen. Die Sonne schien, das Abenteuer lockte – und dann bist du einfach drauflos gegangen. Ich weiß, das macht Spaß. Die Welt steht dir offen, und du kannst überallhin; und überall ist es schön, und überall wartet das Glück.«

»Ja, so ungefähr«, sagte der Bursche.

»Aber nun«, seufzte der Alte, »nun bist du bereits in die Klemme geraten. Die Sonne ist untergegangen, und es wird Nacht. Und du weißt nicht mehr, wo du bist und wohin es weitergeht. Du hast dich verlaufen. Du sagst, du hast ›deinen Weg verloren‹. Aber das stimmt nicht. Du hast deinen Weg noch gar nicht gefunden. Wer seinen Weg noch gar nicht gefunden hat« – der alte Mann sagte dies mit einer besonderen Betonung –, »dem wird es immer so gehen wie dir: Er wird in die Irre laufen, ins Dunkle geraten irgendwann, die Richtung verlieren und dann nicht mehr recht weiter wissen.«

»Aber wie findet man denn den richtigen Weg?« fragte der Handwerksbursche.

»Erst mal – durch Suchen«, erwiderte der Alte lachend. »In diesem Punkt hast du es schon richtig gemacht. Aber es gibt nicht *den* richtigen Weg ganz allgemein. Jeder Mensch muß *seinen* Weg finden, du den deinen und ich den meinen. Und wenn du ihn gefunden hast, merkst du es daran, daß ein Glücksgefühl in dein Herz und Frieden in deine Seele einziehen.«

Am anderen Morgen, nachdem der Handwerksbursche in der Hütte des Alten behaglich geschlafen hatte, wollte er weiterziehen. Von der Hütte gingen aber drei Wege ab. Einer nach Norden, einer nach Süden und einer nach Osten.

»Welchen Weg soll ich nehmen?« fragte der Bursche.

»Das kann ich dir nicht sagen«, antwortete der Alte. »Du mußt es selber herausfinden. Aber eine Hilfe will ich dir geben: Wenn auf dem Weg, den du einschlägst, keine Freude aufsteigt in deinem Herzen und kein Vertrauen, daß du gut ans Ziel kommen wirst, dann mußt du umkehren zu mir.«

Der Bursche entschied sich für den Weg nach Osten, pfiff ein Lied und wanderte guter Dinge los. Aber nach einer Weile gabelte sich der Weg, bald darauf verzweigte er sich wieder, und unser Handwerksbursche stand ratlos und verdrossen da und konnte sich nicht entscheiden.

»Statt daß der Weg immer schön geradeaus geht...«, schimpfte er vor sich hin und beschloß, den Rückweg zur Hütte des Alten anzutreten.

Der schien ihn bereits erwartet zu haben, saß mit seiner Pfeife vor der Tür und genoß die warme Sonne.

»Ich habe den falschen Weg gewählt«, rief der Bursche schon von weitem; »vor lauter Abbiegungen und Seitenwegen wußte ich nicht mehr: wohin.«

»Sieh mal an«, sagte der Alte lächelnd, »dann wirst du es nun mit dem zweiten Weg versuchen.«

»Gewiß!« erklärte der Bursche, »diesmal wende ich mich nach Norden, dies wird der richtige sein!«

Und er ging den Weg nach Norden, das war ein breiter, ebener Fahrweg zwischen hohen Tannen. Aber nicht lange, da verengte sich der Weg, ging steil bergauf und in Windungen steil bergab, führte über längere Strecken heraus aus dem Wald und über kahle Flächen, die der heißen Sonne ausgesetzt waren. Unser Wanderbursche war tapfer vorangeschritten, er wollte nicht rasch aufgeben wie beim ersten Mal, aber schließlich mochte er vor Hunger und Durst nicht weiter. Er sehnte sich nach einer Quelle und nach etwas Eßbarem, aber er fand nichts. Da beschloß er aufs neue, den Rückweg anzutreten. Und als er in der Abenddämmerung bei der Hütte des Alten ankam, wurde er bereits erwartet.

»Ich habe wieder den falschen Weg eingeschlagen«, sagte der Bursche seufzend, aber der alte Mann schüttelte den Kopf und erwiderte: »Es war nicht der falsche Weg, dieser nicht und der vorige auch nicht. Du hast ihn nur nicht zu deinem Weg gemacht! Aber«, fügte er lächelnd hinzu, »das erkläre ich dir morgen, wenn du ausgeschlafen hast.« Und damit nahm er den Jungen beim Arm, führte ihn in seine Hütte, gab ihm zu essen und zu trinken und ließ ihn auf dem Lager ruhen.

Am nächsten Morgen fühlte sich der Bursche wieder ordentlich bei Kräften und sagte, nun wolle er den dritten und zweifellos richtigen Weg nach Süden einschlagen.

Da faßte ihn der alte Mann bei den Schultern und sagte: »Nicht so hastig, junger Freund! Es würde dir auch auf dem dritten Weg ähnlich gehen wie zuvor; nicht, weil es der falsche Weg wäre, sondern weil du ihn hastig und ohne Vorbereitung begonnen hättest.

Denn sieh: Den ersten Weg bist du gegangen und hast ihn für falsch gehalten, weil er sich immer weiter verzweigte. Aber der Weg war nicht falsch. Falsch war nur, daß du keinen *Wegweiser* bei dir trugst. Du wolltest einen Weg, der immer schön und gleichmäßig geradeaus läuft. Wo du dich nie entscheiden mußt und nie auf einen Irrweg geraten kannst. Aber solche Wege gibt es nicht. Es gibt sie nicht hier in diesem großen Wald und nicht im Leben überhaupt. Immer werden Wege, auf denen du gehst, sich gabeln und verzweigen, und darum brauchst du Wegweiser, damit du die Richtung nicht verfehlst.

Und ebenso: Auch der zweite Weg, den du gegangen bist, war nicht falsch. Falsch war nur, daß
du keine *Wegzehrung,* keinen Proviant bei dir hattest. Alle Wege in diesem Wald und alle Wege
deines Lebens zehren an deiner Kraft, mal mehr,
mal weniger. Aber Wege, die man mit Leichtigkeit und wie von selbst hinter sich brächte, die
gibt es nicht. Darum brauchst du, was dir neue
Kraft schenkt auf deinem Wege, eine gute Wegzehrung, die dich vor Hunger und Durst nicht
aufgeben läßt.

Und auf dem dritten Weg, dem nach Süden, wärest du bald in tiefe Schluchten und düstere Laby-
rinthe geraten, mit Geräuschen und Stimmen,
die dir entsetzliche Angst eingejagt hätten, so
daß du am liebsten um Hilfe geschrien hättest.
Aber auch dieser Weg wäre nicht einfach falsch
gewesen. Falsch wäre nur gewesen, daß du ihn
ganz allein gegangen wärest, ohne eine gute *Weg-*
gemeinschaft, die dir Mut gemacht hätte.«

Der alte Mann schwieg und sah den Burschen
nachdenklich an.

»Also war kein Weg falsch«, sagte der junge
Mann langsam, »sie wurden erst durch mich
falsch, weil ich nicht vorbereitet war. Ich habe
nicht auf die richtige Wegweisung geachtet. Ich
habe gemeint, keine Wegzehrung zu brauchen.

Und ich bin ganz auf eigene Faust, ohne eine gute Weggemeinschaft losgezogen.«

»So ist es«, lächelte der Alte, »du hast rasch und viel gelernt.«

»Aber«, wandte der Bursche ein, »wie bekommt man denn die rechte Wegweisung und die rechte Wegzehrung und die rechte Weggemeinschaft fürs Leben?«

Der alte Mann nickte bedächtig und sagte: »Eine wichtige Frage, wahrhaftig. Du sollst ja deinen Weg im Leben finden, wenn du deine Antwort weißt und wenn du erkennst, was deine Wegweisung und deine Wegzehrung und deine Weggemeinschaft im Leben sind.«

»Kennst du die Antwort?« fragte der Bursche.

»Oh«, sagte der alte Mann, »ich kenne *meine* Antwort. Und ich will sie dir auch sagen. Aber ich weiß nicht, ob es auch deine Antwort ist. Das mußt du selber sehen; es überlegen und ausprobieren und für dich herausfinden.«

»Was ist deine Antwort?« fragte der Bursche noch einmal.

»Nun – meine Wegweisung«, meinte der Alte, »das ist dieses alte Buch da auf dem Tisch. Die Heilige Schrift. Da lese und begreife ich, wo es lang geht im Leben; was wichtig ist und was unwichtig; wo das Ziel ist, auf das es ankommt.«

»Und weiter?« drängte der junge Mann.

»Ja, weiter«, sagte der Alte. »Meine Wegzehrung –
das sind die Worte der Hoffnung und die Worte
der Liebe, die ich in diesem Buch finde. Sie machen natürlich nicht den Bauch satt, diese Worte; aber die Seele. Und die kann auch hungern,
sogar gewaltig, und sie kann Durst haben, als
müßte sie verdorren – und weißt du, so etwas
wie Brot für die Seele und Wasser oder auch
guten Wein für die Seele, das finde ich hier in
diesem Buch.«

»Und weiter?« fragte der Bursche ein letztes
Mal.

»Ja, weiter«, erwiderte der Alte. »Meine Weg-
gemeinschaft – das ist Gott, und das ist Christus.
Ich weiß, ich bin nicht allein. Ich empfinde,
Gott ist wie ein Boden unter meinen Füßen
und wie ein schützendes Dach über meinem
Kopf – und Christus, ja, der ist wie ein guter
Freund.«

Und damit verabschiedete der alte Mann den jungen Wanderer, und als der bereits auf dem Weg
war, rief er ihm noch zu: »Und vergiß nicht, was
in den Psalmen steht: ›Du, mein Gott, tust mir
kund den Weg zum Leben!‹«

Die Gaben der Bäume

Die Bäume des Herrn stehen voll Saft,
die Zedern des Libanon, die er gepflanzt hat.
Dort nisten die Vögel,
und die Reiher nisten in den Wipfeln.
Herr, wie sind deine Werke so groß und viel!
Du hast sie alle weise geordnet,
und die Erde ist voll deiner Güter.
(Psalm 104)

Am Rande des Waldes, dicht an einer befahrenen Straße, erwachte an einem hellen Sommermorgen ein junger Baum. Junge Bäume, das muß man wissen, schlafen tief, während sie wachsen. Und sie wachsen langsam. Ganz, ganz langsam. Also schlafen sie auch lange. Monate und Jahre.

Aber dieser junge Baum am Rande des Waldes hatte das Alter erreicht, in dem er aufwachen konnte. Er reckte sich ein wenig, schaute sich um, dann schaute er sich selber an: das dünne Stämmchen, die Zweige, die grünen Blätter. Und diese Blätter bewegten sich, als ob sie tanzen wollten, und der junge Baum sah es und staunte. »Was ist das nur«, dachte er, »was bewegt meine Blätter?«

»Ich bin der Wind«, säuselte es in den Blättern, »ich bin viel unterwegs, und ich spiele gern mit den Bäumen im Wald.«

»Dann bist du mein Freund«, sagte der junge Baum und hörte zu, wie es in seinen Blättern flüsterte und summte.

Allmählich merkte der junge Baum, daß er nicht allein dastand und daß der Wind nicht nur mit seinen Blättern spielte, sondern auch mit vielen anderen, die neben und über ihm waren. Und dann erkannte er: das waren ja alles Bäume, viel größer als er, mit mächtigen Stämmen und knorrigen Ästen. Bäume, die hoch hinauf reichten, als wollten sie den Himmel tragen mit ihren Kronen.

»Meine Güte«, dachte der junge Baum, »was sind die anderen Bäume für große Wesen und was bin ich für ein kleiner Knirps!«

Da hörte er eine Stimme, die sagte freundlich: »Ach, weißt du, wir haben alle einmal klein angefangen, vor vielen, vielen Jahren.« Und der junge Baum schaute in die Höhe und sah eine mächtig hoch gewachsene Buche, die ihm zulächelte.

Der junge Baum hatte sofort Vertrauen zu der großen Buche und redete sie an:

Junger Baum: Ich glaube, du mußt schon uralt sein.

Buche: Für dich vielleicht. Denn ich bin achtzig Jahre alt. Aber das ist nicht viel für einen Baum.

Junger Baum: Achtzig Jahre! Und du warst immer hier? Immer an derselben Stelle? Nie woanders? Das muß ja entsetzlich langweilig sein.

Buche: Ich fand es nicht langweilig. Es ist vieles los und so vieles in Bewegung, da muß es auch etwas geben, das auf seinem Platz bleibt.

Junger Baum: Da drüben, siehst du, da steht ein Haus mit einem kleinen Turm. War das auch schon immer auf seinem Platz?

Buche: Nein, das ist eine Kirche. In meiner Jugend war sie noch nicht da. Da war dort drüben Wiese. Und Schafe gab es dort.

Junger Baum: Was sind Schafe?

Buche: Ach ja, du weißt natürlich nicht, was Schafe sind. Bald wirst du wissen, was Sattelschlepper und Tanklastzüge mit Gefahrguttransporten sind, die hier über die Straße donnern, daß es einem in den Wurzeln kribbelt; aber was Schafe sind, wirst du hier kaum lernen können. Also: Schafe sind Lebewesen auf vier Beinen, die sich allein fortbewegen können.

Junger Baum: Nein!

Buche: Doch, so ist es. Sie fressen Gras und haben ein dickes Fell aus Wolle.

Junger Baum: Woher haben sie das?

Buche: Du stellst Fragen! Aus der Wolle machen die Menschen Kleider und Wolldecken und so etwas.

Junger Baum: Woher haben die Schafe ihre Wolle?

Buche: Woher hast du deine Blätter und Wurzeln?

Junger Baum: Ich bin gewachsen.

Buche: Es muß ja erst etwas da sein, das wachsen kann. Und deshalb sagen die Menschen, die da drüben in die Kirche gehen, das kommt alles von Gott: dein Leben und mein Leben und das Leben der Schafe mit ihrer Wolle.

Junger Baum: Was sind Menschen?

Buche: (Pause) Ja, das ist schwierig. Menschen sind Lebewesen auf zwei Beinen. Und bei ihnen gibt es auch große und kleine.

Junger Baum: Können sie sich auch auf ihren Beinen fortbewegen wie die Schafe?

Buche: Ja, das können sie.

Junger Baum: Ach, ich wäre gern ein Mensch!

Buche: Langsam, langsam, junger Freund. Du mußt sie erst ein wenig näher kennenlernen, die Menschen. Sie tun ja mehr und noch ganz anderes als ein bißchen herumlaufen auf ihren zwei Beinen.

In diesem Augenblick fuhr ein kräftiger Windstoß durch die Bäume, daß die Äste auf- und niederwippten. Der junge Baum lachte und rief: »Das ist lustig. Die Bäume neigen sich hin und her und klatschen fröhlich in die Hände.«

»Wir machen das gern«, sagte die große Buche; »das ist unser Morgenlob, das wir dem Schöpfer des Lebens bringen«:

Morgens, wenn der Tag anbricht;
früh beim ersten Tageslicht
streichen geschwinde
die fröhlichen Winde
uns grad durchs Gesicht.

Morgens, wenn die Nacht verweht
und der Wind im Tanz sich dreht,
klatschen am Ende
wir froh in die Hände
bei unserm Gebet.

Als das Morgenlob der Bäume zu Ende war, wurde der junge Baum auf einmal ganz still und nachdenklich. Die Buche schaute aufmerksam auf ihn herunter, wollte ihn aber nicht stören. Da erhob der junge Baum seinen Kopf und sagte:

Junger Baum: Die Schafe geben Wolle, sagst du. Was geben wir Bäume? Wozu sind wir da?

Buche: O, wir können vieles geben. Schönes und Wichtiges. Wir können Schatten geben, verstehst du? Wenn es heiß ist, suchen viele Lebewesen Schatten unter den Bäumen. Wir geben Früchte und Nahrung. Nicht nur den Menschen. Man darf nicht nur an die Menschen denken. Obwohl die manchmal der Ansicht sind, sie seien die allerwichtigsten Geschöpfe.

Junger Baum: Sind sie es nicht?

Buche: Schau, da kommt gerade einer vorbei.

Junger Baum: Der hat es aber eilig!

Buche: Menschen haben es immer eilig!

Junger Baum: Was macht dieser Mensch?

Buche: Er joggt. Viele joggen hier an uns vorbei, das wirst du noch erfahren.

Junger Baum: Ist joggen wichtig?

Buche: Siehst du, die Menschen machen so viele Dinge, bei denen man fragen kann: Ist das nun wichtig? Also: Wie wichtig deshalb die Menschen selber sind, das kann ich dir nicht sagen.

Junger Baum: Was hat sich denn jetzt auf meinen Zweig gesetzt und pfeift?

Buche: Das ist ein Vogel.

Junger Baum: Ach, ein Vogel. Er sieht hübsch aus

mit seinen bunten Federn. Sind Vögel die allerwichtigsten Geschöpfe?

Buche: Ich glaube, wir sollten nicht so sehr nach den wichtigen und den weniger wichtigen Geschöpfen fragen. Das ist dumm. Wir alle gehören zusammen: die Bäume, die Vögel, der Wind, die Schafe, die Menschen. Und viele andere dazu. Wir gehören zusammen. Aber wir vergessen es manchmal. Ich fürchte, die Menschen, die es am besten wissen müßten, sie vergessen es auch am meisten – leider Gottes.

Junger Baum: Ich mag den kleinen Vogel. Er ist mein Freund. Laß mich lauschen auf sein Lied, vielleicht kann ich es lernen:

Der Morgen ist die schönste Zeit
zum Loben und zum Singen,
denn alles Leben scheint bereit,
sich wieder zu verjüngen.

Der Morgen ist ein großes Tor,
das steht sperrangeloffen.
Los, flieg hindurch, bleib nicht davor;
wir lachen und wir hoffen.

Der Morgen gibt uns neue Kraft
und Frische allen Dingen:

und dem, der alle Morgen schafft,
dem woll'n wir fröhlich singen!

Als der kleine Vogel vom Zweig des jungen Baumes fortgeflogen war, seufzte der junge Baum
vernehmlich. Die Buche lächelte ihn aufs neue
an und sagte:

Buche: Warum seufzt du so schwer?

Junger Baum: Ach, es ist alles so flüchtig. Jetzt
    singt der Vogel – und im nächsten Augenblick
    ist er schon fort.

Buche: Du lernst sehr schnell. Vieles geht so
    schnell. Wir Bäume dagegen haben Zeit. Und
    wir geben Zeit.

Junger Baum: Was geben wir noch?

Buche: Luft zum Atmen. Die Menschen hier in
    der Stadt und auf den Straßen machen auch
    Luft. Aber es ist keine Luft zum Atmen, es ist
    Luft zum Ersticken.

Junger Baum: Warum machen die Menschen so
    etwas?

Buche: Für den Fortschritt, sagen sie. Das hat
    auch etwas mit ihrer Eile zu tun, glaube ich.

Junger Baum: Und wir können Luft zum Atmen
    geben, weil wir ruhig auf der Stelle bleiben?

Buche: Ja, so ungefähr, denke ich.

Junger Baum: Ich fange an, gern ein Baum zu sein.

Buche: Siehst du, wir können auch den Menschen in der Stadt helfen, damit sie weiter atmen können.

Plötzlich gab es wieder einen Seufzer. Aber jetzt war es nicht der junge Baum, sondern die große Buche, die geseufzt hatte, und der junge Baum blickte ganz ängstlich zu ihr empor und fragte:

Junger Baum: Was ist mit dir?

Buche: Entschuldige, aber ich habe Schmerzen.

Junger Baum: Was sind Schmerzen?

Buche: Ach, das habe ich viele Jahre auch nicht gewußt. Jetzt weiß ich es. Schmerzen tun weh. Außerdem machen sie Angst. Du denkst: es ist vielleicht etwas Schlimmes. Du bist krank oder du mußt sterben.

Junger Baum: Woher kommen deine Schmerzen?

Buche: Ich weiß nicht. Sie sind langsam gekommen und haben zugenommen in den letzten Jahren. Sie sitzen tief in mir. In den Adern, in den Fasern. Ich fühle mich auch nicht mehr so stark wie früher. Neulich, im Winter, als dieser wütende Sturm war, eine und noch eine Nacht lang, da habe ich mich gestemmt gegen den Sturm, und ich habe es noch einmal ausgehalten. Aber ein großer Ast ist mir abgebrochen.

Junger Baum: Was willst du tun?

Buche: Ich kann nichts tun. Ich muß mich von der Erde ernähren, die unter mir ist. Ich muß das Wasser trinken, das der Regen bringt. Ich muß die Luft einatmen, die der Wind herbeiträgt.

Junger Baum: Und weiter nichts?

Buche: Doch, doch. Ich kann schon helfen. Ich kann helfen, daß die Luft reiner und frischer wird. Ich kann helfen, daß der Boden neue Stoffe empfängt, wenn meine Blätter fallen im Herbst. Aber ich weiß nicht, ob es reicht. Auch hier müssen wir begreifen, daß wir zusammengehören: die Bäume und das Wasser und der Wind und die Tiere und die Menschen. Wir können es zusammen schaffen, weil wir zusammengehören auf dieser Erde.

Junger Baum: Wem gehört denn diese Erde?

Buche: Das ist die wichtigste Frage, die du gestellt hast, mein Freund. Wem gehört diese Erde? Die Erde ist des Herrn!

Herbst

Herbsttag

Herr: es ist Zeit. Der Sommer war sehr groß.
Leg deinen Schatten auf die Sonnenuhren,
und auf den Fluren laß die Winde los.

Befiehl den letzten Früchten voll zu sein;
gib ihnen noch zwei südlichere Tage,
dränge sie zur Vollendung hin und jage
die letzte Süße in den schweren Wein.

Wer jetzt kein Haus hat, baut sich keines mehr.
Wer jetzt allein ist, wird es lange bleiben,
wird wachen, lesen, lange Briefe schreiben
und wird in den Alleen hin und her
unruhig wandern, wenn die Blätter treiben.

Rainer Maria Rilke

Die Farben des Herbstes

Wer auf den Wind achtet, der sät nicht;
und wer auf die Wolken sieht, der erntet nicht.
Gleichwie du nicht weißt,
welchen Weg der Wind nimmt
und wie die Gebeine
im Mutterleibe bereitet wurden,
so kannst du auch Gottes Tun nicht wissen,
der alles wirkt.
(Prediger 11)

Der Herbst hatte seinen Einzug gehalten ins Land. Er hatte die Äpfel reifen lassen und die Pflaumen, und die Bauern waren mit ihren Leitern auf die Bäume geklettert und hatten alles abgepflückt und nach Hause getragen in die Keller oder auf den Markt in die große Stadt.

Der alte Großvater konnte nicht mehr arbeiten, er hatte einen krummen Rücken und stützte sich auf einen Stock. Aber hinaus ins Freie wollte er trotzdem, hinter den Garten auf die große Wiese und zu dem alten Apfelbaum.

Da nahm der alte Großvater sein Enkelkind bei der Hand, stützte sich mit seinem anderen Arm auf den Stock und sagte:

»Komm, mein Kind, wir wollen sehen, was der Herbst macht.«

»Was ist Herbst?« fragte das Kind.

»Der Herbst«, sagte der Großvater, »der Herbst – das ist ein guter Freund.«

Und damit gingen sie langsam, der Großvater Schritt für Schritt; das Kind aber hüpfte und sprang an seiner Seite, und auf einmal sagte es: »Wir haben ein Lied gelernt, ich glaube, es ist ein Lied vom Herbst; soll ich's dir singen?«

»Ja, gern«, antwortete der Großvater, »Lieder vom Herbst sind schön, besonders wenn sie von Kindern gesungen werden.«

Und so hörte er, während sie weitergingen, das Lied vom Herbst...

Als die beiden den Garten beim Haus durchquert hatten und ein Stück über den Feldweg gewandert waren, sahen sie zur Seite in der Wiese den alten Baum. Er hatte einen kräftigen Stamm und starke Äste und Zweige, und seine Blätter waren nicht mehr grün wie im Sommer. Sie waren jetzt gelb und rot gefärbt.

Der Großvater humpelte über die Wiese und setzte sich auf eine Bank, die in der Nähe des Baumes aufgestellt war, zog seine Pfeife aus der Tasche und zündete sie mit einem Streichholz an.

»So«, sagte der Großvater, »das ist ein gutes Plätz-
chen für einen alten Mann.«

Das Kind war mehrmals um den Baum herumge-
laufen, hatte eifrig im Gras nachgeschaut und
auch in die Zweige empor, dann rief es: »Er ist
ganz kahl und leer, der alte Baum. Kein einziges
Äpfelchen kann ich finden, es ist gar nichts mehr
da.«

»Nun, nun«, brummte der Großvater, »es ist
schon noch einiges da, wenn auch die Früchte
alle gepflückt und weggetragen sind. Man muß
nur richtig hinsehen. Siehst du nicht – die gelben Blätter?«

»Klar sehe ich sie«, rief das Kind, »aber gelbe
Blätter – das ist doch nichts!«

»Langsam, mein Kind, langsam«, sagte der Großvater, »sieh nur ein bißchen aufmerksamer hin.
Dann merkst du vielleicht, daß die Blätter gelb
geworden sind, weil sie die Sonne getrunken haben; jeden Tag im Sommer, wo die Sonne am
Himmel gewesen ist, haben die Blätter ihr Licht
getrunken, bis sie golden und gelb davon geworden sind, wie die Sonne selbst. Und die anderen
Blätter, die etwas rötlichen dazwischen, die haben auch noch das Abendrot getrunken, wenn
die Sonne unterging.«

Das Kind klatschte in die Hände und rief:

»Schöne gelbe Blätter – schöne rote Blätter: sie sollen immer, immer am Baum hängen bleiben!«

»O nein«, sagte der Großvater und stopfte mit dem Daumen seine Pfeife nach; »die Blätter werden fallen, alle, die gelben und die roten, das muß so sein.«

Das Kind blickte ihn erstaunt an und sagte traurig: »Warum denn, Großvater; warum müssen die schönen Blätter alle herunterfallen?«

Der Großvater schwieg und blickte zum Himmel hinauf. Der klare Himmel hatte sich bezogen. Wolken trieben heran von Westen her.

»Warte noch einen Augenblick«, sagte der Großvater leise, »ich höre ihn schon in der Ferne.«

Das Kind stand ganz still und lauschte ebenfalls: »Wen hörst du, Großvater?«

»Ich höre den Wind, der den Herbst vollendet«, sagte der Großvater. »Er kommt von weit und hat große Kraft und er fährt dahin über die Stoppelfelder und zaust die Bäume und singt in den Drähten.« Und schon war es soweit. Der Wind stob heran über die fernen Hügel und über die Dächer der Häuser und trudelte auf die Wiese, wo der Großvater und das Kind warteten...

Nach einer Weile rief das Kind: »Du, Großvater, der Wind kann tanzen und springen, er ist ein lustiger Kerl!«

»Ja«, sagte der Großvater, »ein lustiger Kerl. Aber er wird auch die bunten Blätter im Baum, die gelben und die roten, nicht in Ruhe lassen. Er wird mit ihnen spielen – und er wird an ihnen reißen.«

»Nicht reißen, nein, bitte, lieber Wind, nicht reißen an den schönen Blättern«, rief das Kind, und es lief zum Baum und stellte sich mit erhobenen Händen vor ihn hin, als wolle es ihn schützen.

Aber es war schon zu spät, denn der Wind hatte jetzt auch den Baum entdeckt und sauste um ihn her und blies mit Macht in die Zweige...

Das Kind wurde immer erregter und schrie gegen den Wind und drohte ihm, er solle verschwinden, ein garstiger, böser Wind sei er, der die schönen Blätter abreißen wolle vom Baum, er solle sich schämen.

Und als habe der Wind die Stimme und die Worte des Kindes gehört, beruhigte er sich langsam und trollte sich davon.

»Siehst du«, sagte das Kind triumphierend, als es zum Platz des Großvaters zurückkehrte, »jetzt habe ich den bösen Wind einfach davongejagt.«

»Oh«, antwortete der Großvater, »er wird bald wiederkommen.«

Das Kind schaute ihn trotzig an: »Dann jage ich ihn noch einmal davon.«

»Weil du meinst«, sagte der Großvater nachdenklich, »daß der Wind böse sei? Aber er ist nicht böse. Er ist ein Freund wie der Herbst.«

Das Kind schüttelte den Kopf, daß die Haare flogen: »Wie kann er ein Freund sein, wenn er die schönen bunten Blätter vom Baum reißt?«

Der Großvater zog an seiner Pfeife und dachte nach: »Ich weiß nicht, ob du das verstehen kannst«, sagte er. »Aber der Wind ist ein Werkzeug Gottes, des Schöpfers, genauso wie es die Sonne ist. Und im Herbst muß der Wind in die Bäume fahren und die bunten Blätter herunterholen.«

»Aber warum muß er das?« rief das Kind wie verzweifelt; »sie sind so schön wie ein bunter Blumenstrauß.«

»Ja, das ist wahr«, sagte der Großvater. »Aber sie haben den ganzen Sommer über die Sonne getrunken, das goldene helle Licht der Sonne, und wenn sie nun vom Baum fallen, alle die bunten Blätter, dann bedecken sie den Boden, die ganze Erde. Und die Erde nimmt das Licht und die Farbe und die Wärme der Sonne auf. Und davon lebt die Erde, wenn der Winter kommt und der Schnee. Und wenn es Frühling wird, dann hat die Erde Kraft genug von den bunten Blättern und vom Licht der Sonne; und dann kann die

Erde neue Blumen wachsen lassen und neue grüne Blätter an den Bäumen.«

»Ist das alles wahr?« fragte das Kind und blickte den Großvater prüfend an.

»So wahr«, sagte der Großvater, »wie der Herbst ein guter Freund ist und der Wind genauso; und so wahr, wie Gott es gut meint, wenn er uns den Sommer schickt und den Herbst, mit all seinen Früchten und den vielen bunten Blättern.«

»Dann soll der Wind ruhig wiederkommen«, meinte das Kind. »Er soll sausen und blasen und die Blätter vom Baum holen, damit sie die Sonne auf die Erde tragen.«

Und schon kam er von ferne über die Hügel und über die Dächer der Häuser heran – und er blies, bis die Blätter vom Baum herabgefallen waren und die Erde bedeckten...

Der Großvater und das Kind aber hatten dabeigestanden und allem zugesehen, und sie waren zufrieden.

»Nun«, sagte der Großvater, »wie findest du den Herbst?«

»Er ist mein Freund«, sagte das Kind.

Totensonntag

Die Liebe höret nimmer auf.
(1. Korinther 13)

Der alte Friedhof war in einem Waldstück auf der östlichen Anhöhe über dem Dorf angelegt worden. Man hatte einzelne Buchen mit ihren mächtigen Stämmen und ausladenden Kronen stehen lassen, auch Birken und windschiefe Kiefern. Die Gräber für die Toten wurden dazwischen ausgehoben, und wenn das Wurzelwerk der Bäume die Grabungen behinderte, wählte man einfach einen anderen Platz. Um den alten Friedhof hatte man einen hohen Maschenzaun gezogen, niemand wußte, ob zu dem Zweck, ungebetene Menschen oder wilde Tiere abzuhalten. Eindringen ins Gelände konnte ohnehin, wer wollte, an der Vorder- und Rückseite des Friedhofs gab es Zugänge mit schmiedeeisernen Toren, die gewöhnlich zur Hälfte offen standen. Nur wenige Male im Jahr pilgerte eine schwarz gekleidete Schar von der Dorfkirche auf die Anhöhe, begleitet von Posaunen, die traurige Choräle spielten, und angeführt von einem Pferdegespann, das den blumengeschmückten Sarg auf offener Wagenpritsche den Hügel hinaufzog. Die meiste Zeit im Jahr schien der alte Friedhof jedoch zu schlafen, keine Hacke schlug in die Erde, keine Menschenstimme rief oder klagte, nur in den Bäumen sang der Wind, und mit ihm wetteiferten die Vögel.

Im Frühjahr, als der schwere Sturm über das Land gefahren war und eine tiefe Schneise in den Wald hineingetrieben hatte, waren auf dem alten Friedhof zwei Menschen zur selben Zeit bestattet worden. So etwas hatte es seit Menschengedenken nicht gegeben, und das ganze Dorf nahm Anteil und bedauerte den Adlerwirt, der auf einen Schlag Frau und Kind verloren hatte. Die beiden waren unterwegs gewesen und von der plötzlichen Wucht des Wetters überrascht worden. Sie hatten offensichtlich beabsichtigt, in einer Waldhütte Schutz zu suchen, wurden aber auf dem Weg dorthin von einem stürzenden Baum getroffen und erschlagen.

Nun ruhten beide in einem Doppelgrab auf dem alten Friedhof, und ein unbehauener Felsklotz, der als Grabstein diente, nannte ihre Namen. Der Adlerwirt fand sich jeden Tag an dieser Stelle ein, stand gebeugt in seiner Trauer vor dem aufgeschütteten Erdreich, stand und stand, als wäre er selber aus Stein gemeißelt wie ein Denkmal. Dorfbewohner, die zufällig vorüberkamen oder mit Blumen im Korb den Friedhof betraten, um ein Familiengrab zu schmücken, erzählten von den Eigenarten des Adlerwirts, der starr an der Grabstelle ausharre, als müßte er sie bewachen, reglos und ohne Laut, weder der Klage noch des Zorns, und das über Stunden.

Wenn er auf dem alten Friedhof war, schien er alle Zeit zu vergessen. Er schien in seinen Gedanken zurückzuwandern ins vergangene Leben, das ihm so grausam abhandengekommen war, das Leben mit seiner Frau, die er über alles geliebt hatte, und mit seiner Tochter, deren Nähe ihn stets auf eine schwer beschreibbare Weise vernügt gemacht hatte.

Die Bemühungen der Nachbarn im Dorf, den Trauernden aufzuheitern oder ihn wenigstens mit freundlicher Ansprache und Einladung in seiner selbstgewählten Verschlossenheit zu erreichen, schlugen allesamt fehl. Der Adlerwirt verweigerte jeden Kontakt, schloß sich in seiner Wirtschaft ein, wenn er daheim war, und harrte auf dem alten Friedhof aus, manchmal bis tief in die Nacht.

Die Menschen im Dorf, die Absonderlichkeiten

aller Art ebenso mit Scheu wie mit heimlicher Neugier bedachten, mutmaßten schon, der Adlerwirt komme um seinen Verstand. Einer wollte ihn des Nachts auf dem Friedhof tanzen gesehen haben oder Bocksprünge vollführen, wobei er tierische Laute ausgestoßen und schrill gelacht habe. Ein anderer behauptete, der Trauernde habe um Mitternacht auf dem First seines Wirtshauses gesessen und den Mond beschworen wie ein nächtlicher Kobold. Solche Berichte fanden allgemein hörwillige Ohren, auch wenn vernünftige Leute wie der alte Apotheker Einspruch erhoben, von Gruselmärchen sprachen und die Erzähler aufforderten, bei der Wahrheit zu bleiben. Auf den alten Friedhof aber traute sich niemand mehr, es sei denn, in Begleitung eines anderen, und wenn sie den Adlerwirt vor seiner Grabstätte stehen sahen, hielten sie ängstlich auf Abstand.

Inzwischen war es Herbst geworden, die ersten Nachtfröste hatten Reif auf die Wiesen gestreut, und die leuchtenden Farben des Waldes ermatteten und wurden welk wie die Blätter. Es war in der Woche vor dem Totensonntag. Die Menschen im Dorf gedachten der Verstorbenen, wanderten hinaus auf den alten Friedhof und schmückten die Gräber mit Blumen. Hier und da wurden Windlichter aufgestellt und Kerzen darin entzündet, die ans Leben erinnerten, das stärker und dauerhafter sei als der Tod. Frauen putzten mit Tüchern und Schwämmen die Grabsteine, um die Inschriften lesbar zu machen, sie harkten Gartenlaub zusammen und entfernten Blumenreste, die vom Sommer übriggeblieben und längst verdorrt waren. Die Nähe des Adlerwirts, der wie unberührt von allem bei seiner Grabstelle verweilte, hielt jetzt niemanden ab, das Gebotene zu tun.

Am Morgen des Totensonntag meinten die Dorfbewohner, ihren Augen und Ohren nicht trauen zu dürfen. Es war reichlich Zeit vor dem Kirchgang. Türen und Fenster im Haus des Adlerwirts, die über Wochen verschlossen und verhängt gewesen waren, standen weit geöffnet. Eine Blumenvase auf dem Fensterbrett war gefüllt mit Astern und Chrysanthemen, und aus der Wohnung erklang feierliche Musik hinaus auf die Straße. Wer am Wirtshaus vorbeiging oder in unmittelbarer Nachbarschaft zu Hause war, staunte und rätselte, was vorgefallen sein mochte, und dieser und jener kam zu dem Schluß, der Adlerwirt müsse nun endgültig und vollkommen verrückt geworden sein.

Aber er war nicht verrückt, er war eher zurechtgerückt worden. Man sah ihn zur Kirchzeit den Gottesdienst besuchen, seinen früher gewohnten, in jüngerer Vergangenheit aber verwaisten Platz einnehmen, und nur die hinkende Maierin, die seit Jahren im Wirtshaus für Sauberkeit zuständig gewesen, vor einer Weile aber schroff des Hauses verwiesen worden war, rückte mutig neben den Kauz und bot ihm das Gesangbuch zur Einsicht. Der Adlerwirt dankte mit leichtem Kopfnicken und flüsterte: »Dann krächzen und brummen wir mal gemeinsam, Katrin, weiter droben wird's vielleicht als Lobgesang angenommen.«

Am Abend des Totensonntag lud der Adlerwirt in seine Gaststube. Er hatte heißen Punsch bereitet, der aus mächtigen Karaffen dampfte, und nach und nach fanden sich Gäste ein. Nachbarn und Bauern, die alle gespannt waren, was sich ereignen mochte. Der Adlerwirt verhielt sich, wie man es früher von ihm gewohnt war: Er begrüßte jeden, fragte nach Gesundheit und häuslichen Verhältnissen, wies Plätze zu, bediente und hörte geduldig an, was einer zu erzählen hatte. Es war, als hätte es die Zeit seiner Auswanderung ins Absonderliche nie gegeben, und die Besucher im Wirtshaus fingen schon an zu zweifeln, ob der Hausherr sich überhaupt zu irgendeiner Erklärung bewegen lassen würde.

Zu fortgeschrittener Stunde erhob sich dieser jedoch, klopfte an sein Glas, um Aufmerksamkeit zu erbitten, räusperte seine Verlegenheit hinweg und begann:

»Freunde, ich habe euch nicht nur hergebeten, um Abnehmer für meinen heißen Punsch zu finden. Ich hoffe, er mundet euch. Aber ihr seid natürlich auch gekommen, um zu erfahren, was es mit mir und meinem Verhalten auf sich habe und was mir möglicherweise zugestoßen sei.

O ja, Freunde, es ist mir wahrhaftig etwas zugestoßen, das will ich euch verraten.

Ihr wißt, daß mich der Tod meiner lieben Frau und meiner kleinen Tochter aus dem Gleis geworfen hat. Ich mochte nicht mehr leben und konnte noch nicht sterben. Alle Gedanken kreisten um diese zwei Menschen, die nicht mehr bei mir waren. Ich suchte ihre Nähe auf dem alten Friedhof. Aber ich fand dort nicht mehr als die Nähe von Toten. Was da tot war, wünschte ich mit allen Kräften und Sinnen ins Leben zurück; und was lebte, verwünschte ich bis zum Tod. Wie oft und wie lange ich bei der Grabstätte gestanden und auf die Buchstaben gestarrt habe, die die Namen bilden, weiß ich nicht. Manche unter euch werden es genau wissen. Ich hatte das Gefühl, die Blumen pflegen und schützen zu müssen, die auf das Grab gepflanzt waren, damit sie nie welken und absterben würden. Denn mit dem Tod der Blumen, so schien es mir, starben meine Lieben noch einmal.

Ich war viel allein auf dem alten Friedhof, Stunden und Tage. Nur ein Elsternpaar, das in den Bäumen hauste, wagte sich zuweilen heran, ließ sich auf dem Grabstein nieder und schaute mir zu. Ich ertrug es nicht und scheuchte die Vögel davon. Auch Karnickel gab es auf dem Friedhof. Sie huschten zwischen den Baumstämmen und Grabsteinen hin und her, trauten sich aber nie in meine Nähe.

Dann wurde es Herbst. Die Buchenblätter färbten sich, und braune Kiefernnadeln rieselten auf die Grabblumen. Ich bemühte mich, sie aufzusammeln, weil ich keine Zeichen des Todes bei den Blumen dulden mochte, und als die Herbstblätter herabsegelten, geriet ich beinahe in Panik, weil ich spürte, daß etwas im Gange war, das aufzuhalten ich keine Macht hatte.

Endlich kam die Woche vor diesem Totensonntag, und ich erlebte fern wie in einem Traum, daß Menschen aus dem Dorf den alten Friedhof besuchten und sich an ihren Gräbern zu schaffen machten. Ich fühlte mich wie gelähmt und vermochte keine Hand zu regen.

Als ich gestern in der Frühe den alten Friedhof aufsuchte und an den Gräbern meiner Frau und meines Kindes hielt, erschrak ich furchtbar. Alle Blüten der Grabblumen waren verschwunden. Nur kahle Stengel ragten höhnisch aus dem Moos. Ich verfluchte den Schändlichen, der so eine Tat verübt hatte, und fühlte, wie mir Tränen des Zorns und der Verzweiflung übers Gesicht liefen. Auch in den Wochen vorher hatte ich mich nie so verloren empfunden wie in diesem Augenblick. Es war wie ein Untergang.

Zu allem Überfluß bemerkte ich, als ich den Blick ein wenig hob, daß die Inschriften auf dem Grabstein über und über bekleckert waren mit Vogelkot. Ganze Buchstaben waren zugedeckt davon. Ich nahm einen Stein in die Hand und hielt Ausschau nach den Elstern, die ich nur zu gern zu Tode getroffen hätte, um mich an ihrer Schamlosigkeit zu rächen. Aber die Vögel blieben verborgen in den Bäumen, sie narrten und reizten mich bloß mit ihrem Krächzen, stattdessen hoppelte plötzlich ein Karnickel über den Weg, machte Männchen und schaute zutraulich zu mir herüber. ›Du warst es!‹ schoß es mir durch den Kopf. ›Du hast die Blüten vom Grab gefressen und nichts als trostlose Stengel übriggelassen‹, und in neu aufwallendem Zorn schleuderte ich den Stein, den ich noch in der Hand hielt, nach dem armen Tier, das nicht flüchtete, als erwarte es willig seine Exekution.

Es gab erst einen dumpfen Schlag, als der Stein den Körper des Tieres traf, dann einen kläglichen Laut. Das Karnickel tat einen bizarren Sprung, stürzte auf die Marmoreinfassung eines Grabes, wand sich und schlug mit den Beinen. Mir war es auf einmal, als ob ich aus tiefer Umnachtung erwachte. Ich lief hin zu dem Tier, das nicht mehr die Kraft hatte, sich aufzuraffen und fortzulaufen. Es lag da und zuckte und sah mich aus ängstlichen, brechenden Augen an. Ich kniete nieder neben ihm, streichelte über das Fell und den zitternden Leib, liebkoste den Kopf zwischen den langen Ohren und fühlte mich kläglich, unsagbar kläglich. Doch war gerade jetzt etwas neu erwacht in mir, ein Empfinden und ein Schmerz mit dem armen Tier, das ich in blindem Zorn zu Tode gebracht hatte. Es war nicht mehr lauter Stein in mir, kalter harter Stein, es gab auch neue Zeichen von Leben.

Kurze Zeit später starb das Karnickel, und ich begrub es am Rande des Friedhofs im nahen Wald … Dann schritt ich zurück zur Grabstelle, um den Stein zu säubern und die Inschrift wieder lesbar zu machen. Nur mit dem Taschentuch wollte es nicht gelingen. Ich ging zum Brunnen, füllte Wasser in eine Kanne und versuchte es noch einmal. Der Schmutz ließ sich nun leicht entfernen, und die Namen meiner Lieben erschienen deutlich, als seien sie eben erst hingesetzt worden, dazu die Daten ihrer Geburt und ihres Todes. Darunter der Satz:

›Die Liebe höret nimmer auf‹ (1. Korinther 13, 8).

Meine Augen waren auf einmal von diesen Worten wie gefesselt. Ich las sie wieder und wieder, als hätte ich sie nie zuvor vernommen und als seien sie vor allem nie in diesen Grabstein gemeißelt worden. Ich konnte mich nicht erinnern, Auftrag gegeben zu haben, daß diese Worte unter die Namen meiner Frau und meines Kindes gesetzt werden sollten, und ich hatte auch keine Ahnung, wer es statt meiner veranlaßt haben sollte.

Aber nun standen sie da, diese Worte, und ich sah sie wie eine Offenbarung, die mir galt, mir ganz persönlich und genau an diesem Tag und in diesem Augenblick. Die Liebe höret nimmer auf! Hatte ich nicht in der halb verzweifelten, halb wütenden Überzeugung des Gegenteils gelebt, als einer, der geliebt hatte und der geliebt worden war, aber in dem das jetzt alles erloschen war, fürchterlich ausgebrannt, so daß nur Leeres und Totes übrigblieb? Ich hatte das Leben gehaßt und weggeworfen, weil es nichts mehr zu enthalten schien, was lebenswert sein konnte, und ich hatte mich hinabsinken lassen in die Trostlosigkeit wie in eine Gruft. Jetzt, an diesem Morgen, unmittelbar vor dem Totensonntag, wurde mir klar: Ich war nicht allein überzeugt, daß die Liebe tot war in mir. Ich war auch ausgezogen, sie abzutöten in mir.

Aber die Liebe höret nimmer auf! Sie ist stärker als unsere Verzweiflung und unsere Lust, sie aus unserem Leben zu verbannen. Sie ist stärker als der Tod und als unser Wille zu töten. Als ich das arme Karnickel zu Tode getroffen hatte, brach etwas auf in mir, was ich vorher aus Trauer und Elend bloß verschließen und zubetonieren wollte. Ein Mitleiden war's, nicht mal mit einem Menschen, nur mit einem Tier. Aber eine Regung des Herzens. Lebendiges da drinnen in mir, wo ich längst alles für tot und starr gehalten hatte.

Nein, es ist wahr. Die Liebe höret nimmer auf. Sie kann auch, wie ihr seht, an einem Totensonntag neu werden. Die Trauer um meine Frau und mein Kind ist deswegen nicht vorüber. Aber sie zerstört mich nicht mehr. Ich hatte gedacht, die

Trauer sei so groß, daß von ihr alle Liebe ver-
schlungen und erstickt werden müsse. Aber es ist
nicht wahr. Die Liebe ist größer, und sie kann
die Trauer aufnehmen und bei sich ruhen lassen
wie eine gute Mutter ihr krankes Kind.«

Die Dorfbewohner beobachteten, daß der Adlerwirt auch weiter den alten Friedhof regelmäßig
besuchte. Er harkte die Erde und pflanzte
Blumen und reinigte die Inschrift auf dem
Grabstein. Aber dies war immer ein deutlicher
Ausdruck seiner Liebe, nie mehr das Zeichen
hilfloser Verlorenheit.

Sammeln für Wintertage
Nach einer Geschichte von Leo Lionni

> Die Elenden und Armen suchen Wasser,
> und es ist nichts da,
> ihre Zunge verdorrt vor Durst.
> Aber ich, der Herr,
> will sie erhören;
> ich, der Gott Israels,
> will sie nicht verlassen.
> Ich will Wasserbäche auf den Höhen öffnen
> und Quellen mitten auf den Feldern
> und will die Wüste zu Wasserstellen machen
> und das dürre Land zu Wasserquellen.
> (Jesaja 41)

Rund um eine Wiese, wo Kühe und Pferde grasten, stand eine graue alte Steinmauer.
Und wenn man von weitem hinschaute, dann schien diese Mauer nur alt und grau und leblos zu sein.
Aber das stimmte nicht. Die Mauer lag nahe bei einer Scheuer und beim Kornspeicher des Bauernhofs. Und in dieser Mauer wohnte eine ganze Familie schwatzhafter Feldmäuse.
Die Leute auf dem Bauernhof waren weggezogen, wer weiß: wohin? Vielleicht in die große

Stadt, um in den Fabriken und an den Maschinen zu arbeiten. Scheuer und Kornspeicher jedenfalls waren leer, da gab es nichts zu holen für die Mäusefamilie.

Eines Tages, der Sommer war schon vorüber, und der Herbst hielt seinen Einzug mit frischem Wind und ersten kühlen Nächten, eines Tages also versammelte sich die Mäusefamilie bei der alten Steinmauer und hielt Rat:

»Wir müssen Vorsorge treffen«, sagte eine Maus. »Die Tage werden kürzer, die Nächte länger, und die Nahrung wird knapper, und das Leben wird schwerer.« Es war, wie man leicht erkennen kann, eine besonders gescheite Maus, die »Leuchte« der Familie, Jonathan der Weise.

Die anderen Mäuse, wenigstens die Mehrzahl von ihnen, hatten die Gewohnheit, ziemlich schnell verzagt zu sein. Und so hockten sie auch jetzt nach den Worten des weisen Jonathan ängstlich in der Runde und riefen:

»Der Winter naht, der Winter naht,
wir haben's fast vergessen;
wer dafür nichts gesammelt hat,
hat nachher nichts zu fressen;
oh je, oh je, oh jemine –
hat nachher nichts zu fressen!«

Aber Jonathan, der Weise, gebot den Mäusen Ruhe und erklärte: »Jedes Problem ist nur dazu auf der Welt, daß es gelöst wird! Laßt mich nachdenken!« Und damit versank Jonathan in tiefes Nachdenken, während die Mäuse wieder anfingen, erst leise, dann kräftig vor sich hinzuklagen.

Endlich war der weise Jonathan so weit, daß er sich zu seiner vollen Größe erhob und bedeutsam in die Runde schaute: »Ich habe die Lösung!«

Da riefen die Mäuse:

»So sag es doch,
so sag es doch!
Was hilft uns noch?
So sag es doch!
Was hilft uns noch?«

»Wir müssen«, sagte Jonathan der Weise, und er setzte wie ein Professor der Rhetorik an der richtigen Stelle eine kunstvolle Pause. »Wir müssen – arbeiten!«

»Arbeiten!« tönte es ungläubig aus der Mäuseschar und dann:

Eine: »Die Arbeit liegt mir sehr verquer,
    sie macht das ganze Leben schwer!«
Alle: »Die Arbeit liegt mir sehr verquer,
    sie macht das ganze Leben schwer!«

Zweite: »Sie ist die reinste Plage
und stiehlt uns alle Tage.«

Alle: »Die Arbeit liegt mir sehr verquer,
sie macht das ganze Leben schwer.«

Dritte: »Statt schaffen bloß und wühlen
möcht ich viel lieber spielen.«

Alle: »Die Arbeit liegt mir sehr verquer,
sie macht das ganze Leben schwer!«

Jonathan der Weise verzog sein Gesicht, so daß es zwischen Kummer und Verachtung schwankte. Dann erhob er seine Stimme, die ganze Mächtigkeit einer Senioren-Mäusestimme und rief: »Seid ihr denn überhaupt noch bei klarem Verstand? Ohne Arbeit gibt es keine Vorräte und ohne Vorräte keine Nahrung im Winter. Und dann, ihr Mäusepfeifen? Dann wird gehungert, und der Magen hängt euch herunter bis auf den Boden, und ihr wünscht euch, ihr wäret niemals im Leben faul gewesen, niemals so dämlich und so faul wie jetzt, ihr Hohlschädel, und hättet statt dessen auf Jonathan den Weisen gehört und gearbeitet und Futter gesammelt und fleißig Vorsorge getroffen, solange es Zeit war.«

Jonathan machte eine Pause, denn er war ganz außer Atem, einmal aus Aufregung und dann, weil er einen so langen Satz gesagt hatte.

Die Mäuse saßen da, schauten still auf den Boden und gingen in sich.

»Was nun?« rief Jonathan, als er sich ein bißchen erholt hatte, »worauf wartet ihr? alles herbeigeschafft, was ihr finden könnt: Körner, Nüsse, Weizen, Stroh; alles, was taugt für den Winter – und hinein damit in die Vorratskammer!«

Und dann ging es wirklich los, flink wie mit der Mäusepost, und sie liefen und schleppten und sammelten den ganzen Tag, daß die Vorräte von Stunde zu Stunde kräftig zunahmen.

Nur einer saß abseits an einem Feldstein, blinzelte in die Sonne und bewegte sich nicht: Frederick.

Die anderen Mäuse liefen an ihm vorbei, mit Stücken von Maiskolben und mit vielerlei Kostbarkeiten, die sie erbeutet hatten. Frederick schien sie überhaupt nicht zu sehen bei ihrer emsigen Arbeit.

Aber die anderen Mäuse sahen Frederick – und ärgerten sich über ihn:

»O Frederick,
du fauler Strick!
Wir laufen uns die Beine krumm,
und du liegst faul im Gras herum;
o Frederick,
du fauler Strick!«

Aber Frederick blieb ruhig und sanft und erwiderte nur:

»Ich bin nicht faul, ich sammle auch;
ich sammle Sonnenstrahlen;
es ist nicht alles für den Bauch,
denn eine Seele gibt es auch,
und die will auch was haben.«

Es sah allerdings nicht danach aus, daß die anderen Mäuse Frederick verstanden oder sein Verhalten schweigend hingenommen hätten; denn sie riefen weiter, sobald sie an ihm vorüberkamen:

»O Frederick,
du fauler Strick...«

Trotzdem blieb der viel gescholtene und geschmähte Frederick sanft und freundlich, wie er immer war, und er sagte höchstens einmal:

»Ich bin nicht faul, ich sammle auch,
jetzt lauter schöne Farben.
Ich sammle Grün, ich sammle Blau
und spüre dabei ganz genau
die Farben, die mich laben.«

Und einmal, als er die Augen geschlossen hatte, so daß die anderen Mäuse dachten, nun sei er sogar eingeschlafen am hellen Tage, riefen sie wieder:

»O Frederick...«

Da hob Frederick nur ein wenig seine Augenlider, ganz vorsichtig, als fürchte er, es könne ihm verlorengehen, was er in sich gesammelt hatte, dann sagte er:

»Ich bin nicht faul, ich sammle auch:
Jetzt schöne, tiefe Worte.
Die Winternächte – die sind lang;
da wär mir um die Seele bang,
gäb's nicht die schönen Worte.«

Und dann, ja, dann wurde es Winter. Und der erste Schnee fiel, und ein kalter Wind fuhr um die Scheuer, und die kleinen Feldmäuse freuten sich, daß sie ein Versteck hatten, und zogen sich zwischen die Steine der alten Mauer zurück.
Drinnen war es behaglich und warm. Und in der ersten Zeit gab es auch viel zu essen: Nüsse und Körner und was sie so alles zusammengetragen hatten. Und dazu erzählten sie sich allerlei lustige und kurzweilige Geschichten über singende Füchse und tanzende Katzen.
Aber nach und nach wurden die Vorräte weniger, das Stroh war alle, und Nüsse und Beeren

wurden knapp. Es wurde auf einmal kalt zwischen den Steinen der alten Mauer, und keiner wollte mehr sprechen. Da fiel ihnen plötzlich ein, wie Frederick von Sonnenstrahlen, von Farben und von schönen Worten gesprochen hatte, die er sammeln wollte. Und da riefen sie:

»O lieber, guter Frederick,
wie steht's mit deinem Sammlerglück?
Blieb wohl ein Stück davon zurück?
O sag es, lieber Frederick!«

Da kletterte Frederick auf einen großen Stein, gebot den anderen Mäusen, jetzt ihre Augen zu schließen, und sagte:

»Nun schick ich euch, habt darauf acht,
in diese kalte Winternacht
das warme Licht der Sonne.
Laßt jetzt den hellen Sonnenschein
gradwegs in euer Herz hinein;
genießet es mit Wonne!«

Und als Frederick so von der Sonne erzählte, wurde den Mäusen schon viel wärmer. Ob das ein Zauber war? Oder ein anderes Geheimnis, das sie nicht ergründen konnten? Da riefen die Mäuse wieder:

»O lieber, guter Frederick,
wie steht's mit deinem Sammlerglück?
blieb noch ein Stück davon zurück?
O sag es, lieber Frederick!«

»Macht eure Augen noch einmal zu«, sagte Frederick. Und dann fuhr er fort:

»Nun schick ich euch, habt darauf acht,
in diese lange Winternacht
die allerschönsten Farben.
Das Grün der Wiesen ist dabei,
das Blau der schönen Akelei
und alle Frühlingsfarben.«

Die Mäuse hielten ihre Augen geschlossen und
sahen doch Farben über Farben, daß ihnen die
Seele hell wurde und sie fröhlich wurden wie an
einem Sommertag.
»Und die Wörter, Frederick?« sagten die Mäuse.
Frederick räusperte sich und wartete einen Augenblick, dann redete er feierlich und bedeutsam, und die Mäuse lauschten und nickten mit
den Köpfen:

»Wer streut die Schneeflocken, wer schmilzt das
    Eis?
Wer macht lautes Wetter? Wer macht es leis?
Wer bringt den Glücksklee im Juni heran?

Wer verdunkelt den Tag? Macht die Mondlampe
    an?
Wir wissen es alle, auch du und ich:
wohnt droben im Himmel und denkt an dich!«

Die Mäuse waren sehr angetan und bedankten
sich kräftig und klatschten in die Hände und riefen: »Frederick, du bist ja ein Dichter!«
Da wurde Frederick ein wenig rot und verbeug-
te sich artig und sagte bescheiden: »Ich weiß es –
ihr lieben Mäusegesichter.«

Winter

Advent

Es treibt der Wind im Winterwalde
die Flockenherde wie ein Hirt,
und manche Tanne ahnt, wie balde
sie fromm und lichterheilig wird;
und lauscht hinaus. Den weißen Wegen
streckt sie die Zweige hin – bereit,
und wehrt dem Wind und wächst entgegen
der einen Nacht der Herrlichkeit.

Rainer Maria Rilke

Eine Rose in Bethlehem

Es wird ein Reis hervorgehen aus dem Stamm Isais
und ein Zweig aus seiner Wurzel Frucht bringen.
Auf ihm wird ruhen der Geist des Herrn,
der Geist der Weisheit und des Verstandes,
der Geist des Rates und der Stärke,
der Geist der Erkenntnis und der Furcht des Herrn.
(Jesaja 11)

Bethlehem ist ein Dorf. Es liegt auf der Höhe, in
den Bergen von Juda. Ein kleines Nest. In den
Städten am Meer und in der Ebene des Jordan
kennt man es kaum mit Namen. »Bethlehem?«
fragen die Leute, »was soll das sein? Eine Ort-
schaft? Tatsächlich? Und da sollen Menschen
wohnen? Nie gehört!« – und nur wenige erinnern sich an David, den Hirtenjungen, der später
König wurde. Und der war aus Bethlehem, diesem kleinen, verborgenen und verlassenen Dorf
in den Bergen von Juda.
Einige wußten freilich, vor allem einige von den
älteren Leuten, daß in Bethlehem etwas geschehen werde, etwas Besonderes, irgendwann,
wenn Gott die Zeit dazu bestimmt hatte: dann

sollte in dem kleinen Heimatort Davids ein neuer König geboren werden, nicht einer von der Art, wie Könige sonst sind, sondern ein König des Friedens. Aber das hatten die meisten vergessen. Auch die meisten Bewohner in Bethlehem.

Hier und da gab es jedoch jemanden, der die Worte des Propheten Micha im Gedächtnis hatte. Worte, die der Prophet vor mehreren Jahrhunderten gesprochen hatte, vor langer Zeit also:

»Und du, Bethlehem Efrata,
klein bist du unter Judas Städten.
Aus dir soll kommen,
der in Israel groß sei,
immer und ewig.
Er herrscht mit Macht,
mit der Macht von Gott
– und er wird der Friede sein!«

In Bethlehem war Winter. Aber es war nicht kalt. Auch in den Bergen war kein Schnee gefallen, es regnete. Die Menschen zogen sich in ihre Häuser zurück, die Tiere verkrochen sich in ihrem Bau oder in einem warmen und trockenen Versteck. Die Hausfrauen gingen ihrer Arbeit nach, die Männer waren schlecht gelaunt, und die Kinder langweilten sich.

Nein, nicht alle. Es gab auch Kinder in Bethlehem, die überhaupt nicht wußten, was Langeweile ist. Sie hatten immer etwas zu spielen und sie machten gern ihre Pläne, was sie anstellen sollten. So war es bei den Kindern von zwei Familien, die in Nachbarhäusern gleich nebeneinander wohnten. In der einen Familie gab es zwei Buben, den Jonas und den Michael. In der anderen Familie waren es zwei Mädchen, die Hanna und die Esther. Wenn sie sich auf der Gasse trafen, hatten sie eine merkwürdige Art, sich zu grüßen. Die Jungen riefen den Mädchen zu: »Dumme Gänse! Blöse Ziegen!«, und die Mädchen riefen zurück: »Alte Affen!« und streckten ihre Zungen heraus.

Man erkennt daran, daß die vier sich ausnehmend gut verstanden, auch wenn sie es selber nicht so genau wußten. Sie gingen sich nur deshalb aus dem Wege, weil sie noch nicht den Mut aufgebracht hatten, sich zusammenzutun und miteinander zu reden und zu spielen. Und so saßen sie denn, Jungen und Mädchen, für sich in ihren Zimmern, während draußen der Regen rauschte wie aus riesigen Duschen.

Jonas war damit beschäftigt, einen langen Stekken anzuspitzen, um ihn als Speer verwenden zu können.

»Der Lehrer hat gesagt, in Afrika gibt es Tiere,

die haben einen so langen Hals, daß sie uns oben in den Schornstein spucken können«, sagte er.

»Glaub ich nicht!« meinte Michael, der aus Steinen einen Turm zu errichten versuchte.

»Doch, bestimmt. Giraffen heißen die«, bekräftigte Jonas.

Michael schaute hoch: »So einen langen Hals hätte ich auch gern. Dann müßte der Lehrer schon auf eine Leiter steigen, um mir eine Ohrfeige zu verpassen.«

Beide lachten.

»Und andere Tiere gibt's in Afrika«, fuhr Jonas fort, »die haben ganz lange Nasen; so lang, daß sie einen Baumstamm umschlingen können damit, um ihn aus der Erde zu ziehen.«

»Mit der Nase?«

»Mit dem Rüssel. Bei Elefanten heißen die Nasen Rüssel. Sie können damit trompeten und phantastisch weit mit Wasser spritzen.«

»Wahnsinn! – Stell dir vor, wir könnten mit solchen Rüsseln die blöden Ziegen von nebenan mit Wasser spritzen!«

»Die würden kreischen und springen.«

Nach kurzer Überlegung sagte Michael: »Welche findest du eigentlich blöder, die Hanna oder die Esther?«

Jonas war sich sicher: »Ich find sie beide blöd!«

»Aber Hanna hat Sommersprossen über dem Nasenrücken und manchmal ein buntes Band im Haar«, wandte Michael ein.

»Und die Esther kann so flink laufen«, ergänzte Jonas, »ich weiß gar nicht, ob ich sie einholen könnte.«

Nebenan im Nachbarhaus saßen Hanna und Esther beeinander.

»Betty hat mir erzählt, sie darf morgen mit den Eltern in die Stadt«, sagte Hanna.

»Wohin?« fragte Esther.

»Nach Jerusalem zum Einkaufen.«

»Ach, die fahren immer zum Einkaufen nach Jerusalem. Bethlehem ist ein Kaff, sagt Bettys Mutter. Wenn man etwas Modisches einkaufen will, muß man nach Jerusalem. Hier gibt's nichts in diesem Kuhdorf.«

»Ganz schön eingebildet ist die!« fand Hanna.

»Und sie spaziert mit der allerneuesten und allerteuersten Mode über die Straße, als wäre sie die Königin von Saba«, entrüstete sich Esther.

Hanna lachte: »Hast du kürzlich mitgekriegt, was die zwei alten Affen angestellt haben?«

»Jonas und Michael von nebenan?«

»Na, wer denn sonst? – Die waren also auf der Straße. Haben Steine geworfen über die Dächer, um festzustellen, wie weit sie damit kamen. Da spazierte Bettys Mutter an ihnen vorüber. Mit einem knallgelben Gewand, von den Schultern bis auf die Füße. Das Feinste und Teuerste. Und sie wollte gern gesehen werden von den Leuten. Nun hatte es aber kurz vorher einen kräftigen Platzregen gegeben, und auf der Straße waren überall Pfützen. Bettys Mutter ging vorsichtig um diese Pfützen herum, aber die zwei alten Affen fingen ein neues Spiel an, nämlich Fangen. Das ging wie die Feuerwehr, immer einer hinter dem andern her und immer um die schöne vornehme Frau herum und – platsch! – hier in eine Pfütze und – platsch! – da in eine Pfütze, und die dreckige Soße spritzte, bis das gelbe Kleid schwarz getupft und gesprenkelt war. Die hat vielleicht geschimpft, sag ich dir; die war auf einmal gar nicht mehr vornehm.«

»Klasse! – Sag mal, Hanna, wen findest du eigentlich doofer von den beiden, den Jonas oder den Michael?

»Ich find sie beide doof.«

»Aber der Jonas hat lustige Augen und lacht so hell wie ein Glockenspiel.«

»Und Michael ist manchmal ein richtiger Träumer.«

In Bethlehem lebte auch die alte Barka. Niemand wußte, wie alt sie war. Sie hatte keinen Mann und keine Kinder und wohnte allein in ihrem Häuschen, das alt und gebrechlich war wie sie selbst. Die Leute im Dorf kannten die alte Barka, aber sie sprachen nicht mit ihr. Sie nahmen sie hin, wie man einen merkwürdigen Felsblock hinnimmt, der seit unvordenklichen Zeiten irgendwo herumsteht und zum Bild der Landschaft und des Dorfes gehört, ohne daß man sich darum kümmerte.

Die alte Barka blieb meistens in ihrem Häuschen verborgen vor den Blicken der Menschen. Sie hatte einen gebeugten Rücken und kranke Beine, deshalb stützte sie sich auf einen Stock. Und ihre alten Augen waren mit den Jahren blind geworden, darum mußte sie sich vorwärts tasten, um nicht hinzufallen.

Aber manchmal kam die alte Barka doch aus ihrer Wohnhöhle heraus, vor allem, wenn die Sonne schien und wenn sie sich vor ihr Haus auf die Gasse setzen konnte, um das Licht und die Wärme aufzunehmen wie ein Schwamm das Wasser.

Eines Tages trat die alte Barka wieder ihre kleine Wanderung vor die Haustür an und stützte sich dabei auf ihren Stock. Sie setzte sich auf einen

niedrigen Schemel, um die Sonne zu genießen.
Dabei stöhnte sie:
»Der Rücken tut weh,
und die Beine tun weh,
und die Augen sind lange schon tot.
Keine Farben ich seh
in der Ferne und Näh',
kein Licht und kein Abendrot.
Da sitz ich herum,
bin blind und bin dumm,
ach Gott, wie groß ist die Not!
Der Rücken tut weh,
und die Beine tun weh,
und die Augen sind lange schon tot.«
Als sie so vor sich hin sprach, näherten sich von
der Seite Jonas und Michael, ganz leise, um nicht
entdeckt zu werden. War es nur Zufall, daß zur
selben Zeit von der anderen Seite Hanna und
Esther herüberkamen?
»Sieh mal, die alte Barka«, flüsterte Jonas.
»Sie ist aus ihrem Haus gekrochen wie ein alter
Dachs aus seiner Höhle«, grinste Michael.
Jonas stieß ihn an: »Sieh mal, drüben kommen
die blöden Ziegen, Esther und Hanna.«
»Ich hab sie längst gesehen«, winkte Michael ab.
Jonas überlegte: »Machen wir einen Schaber-
nack mit der alten Barka?«

»Welchen?«

»Sie ist doch eine Hexe. Alle sagen, sie ist eine Hexe.«

»Man muß aufpassen, daß sie einen nicht erwischt. Sonst macht sie einen Zauberspruch, und man wird verwandelt in ein kleines Ferkel oder in ein Stachelschwein.«

Jonas machte ein bedeutungsvolles Gesicht: »Onkel Matti hat gesagt, die alte Barka ist ein gefährliches Weib, und sie hat in ihrer Kammer ausgestopfte Vögel und Pelze von Tieren, und das ist alles von Menschen, die sie verzaubert und umgebracht hat.«

Michael trat einen Schritt zurück: »Sollen wir uns nicht doch lieber verdrücken?«

»Spinnst du?« raunte Jonas. »Jetzt, wo die blöden Ziegen alles beobachten können?«

»Aber ich will nicht so gern ein ausgestopfter Vogel werden.«

»Onkel Matti hat gesagt, der Zauberstab der alten Barka – das ist der Stock, auf den sie sich stützt. Siehst du, sie hat ihn neben sich an die Hauswand gelehnt. Wenn wir ganz leise schleichen, können wir den Stock nehmen und zerbrechen. Dann ist ihre ganze Zauberkraft gebrochen, und sie kann uns nicht mehr schaden.«

»Meinst du?«

»Klar!«

»Es genügt doch auch, wenn du alleine schleichst.«

»Feigling!«

»Lieber feig als ausgestopft.«

Michael duckte sich und zog sich vorsichtig zurück in den Hintergrund. Jonas dagegen pirschte sich leise an die alte Barka heran, entwendete den Stock von der Hauswand und kroch wieder davon.

Ein wenig weiter schwang er den Stock der Barka im Triumphgefühl seiner bestandenen Mutprobe. Michael eilte hinzu, und gemeinsam brachen sie das geraubte Gut in Stücke.

Dann sangen sie laut ihren Spottvers und freuten sich, daß sie dabei von den Mädchen aufmerksam beachtet wurden:

»Die Barka sitzt im Hexenhaus,
nun ist es mit dem Hexen aus!«

Am selben Abend geschah zweierlei zur selben Zeit. Die Kinder hockten zusammen in einem Versteck, das Jonas und Michael erkundet und ausgebaut hatten und wohin sie sich gern zurückzogen, wenn sie ein Geheimnis hüten oder einen Plan aushecken wollten. – Und: Über die Hügel

nicht weit von Bethlehem näherten sich Wanderer, eine Frau und ein Mann. Es dunkelte schon,
und die Sterne begannen zu funkeln, und es war
hell genug, daß man Unebenheiten und Steine
auf dem Weg erkennen konnte. Die Frau und
der Mann gingen langsam, und der Mann, der
voranschritt, drehte sich immer wieder um und
fragte, ob es weiter gehe oder ob sie rasten sollten. Die Frau antwortete leise, sie sei gut bei Kräften und sie werde durchhalten bis Bethlehem.
Aber sie freute sich auf ein Lager dort, ein beque-
mes Bett, ein freundliches Zimmer, eine liebevol-
le Wirtsfrau. »Das werden wir alles finden in
Bethlehem«, sagte der Mann.
Sie kamen an einer Herde vorbei, die Schafe waren in Gattern eingeschlossen, die meisten ruhig,
einige blökten, und Hirten kauerten am Rande
auf der Erde, brieten Fleisch über dem Feuer.
»Einen guten Abend«, rief der Mann ihnen zu
und »Gott segne euch!«
Die Kinder saßen währenddessen in ihrem Versteck beieinander. Buben und Mädchen. Die Buben machten große Sprüche, und die Mädchen
lachten.
Jonas prahlte: »Und als ich den Zauberstab der
Hexe in meiner Hand hatte, da war er heiß wie
Feuer und schwer wie ein Baum.«

»Echt?« fragte Michel.

»Klar doch! Und aus den Augen der Hexe sind Blitze gegangen.«

»Ich habe aber keine Blitze gesehen«, warf Esther ein.

»Ich auch nicht«, bestätigte Hanna.

Jonas blickte überlegen: »Es waren eben verzauberte Blitze, die sind unsichtbar. Aber wenn sie einen treffen, dann macht es: Zisch! Und man ist bloß noch ein Häuflein Asche!«

»Puh, wie du flunkerst«, rief Hanna.

Jonas war empört: »Du denkst, die alte Barka ist keine Hexe?«

»Ich weiß nicht«, sagte Hanna.

»Und ob sie eine Hexe ist!« kam Michael seinem Freund zu Hilfe. »Manchmal in der Nacht verwandelt sie sich in einen Raben und fliegt aus dem Kamin und über die Berge und schreckt die Menschen in den Dörfern, wenn sie schlafen.«

»Ich hab eine Idee«, sagte Jonas. »Wir wär's, wenn wir die alte Barka erschrecken? Noch heute nacht.«

Esther hatte Bedenken: »Es ist aber dunkel in der Nacht, und da ist es mir nicht geheuer.«

»Du mußt ja nicht mitgehen!« erklärte Jonas. »Das ist bloß für Mutige.«

»Und wie willst du die alte Barka erschrecken?«

fragte Michael. »Kann man überhaupt eine Hexe erschrecken?«

»Aber klar kann man das«, versicherte Jonas. »Wenn man es richtig anstellt.«

Hanna schaute groß: »Und wie stellt man es richtig an?«

»Mit Stimmen«, antwortete Jonas bedeutungsvoll. »Mit grusligen und geheimnisvollen Stimmen. Sehen kann die alte Barka ja sowieso nichts. Es hat also keinen Zweck, wie ein Gespenst vor ihr zu erscheinen. Aber hören kann sie. Deshalb müssen wir Stimmen machen. Klagen wie das Käuzchen im Wald.«

»Miauen wie die Katze auf dem Dach.«

»Stöhnen wie ein Geist aus dem Grab.«

»An die Wand und ans Fenster klopfen.«

»Und jaulen wie ein Wolf im Mondschein.«

Sie probierten es nacheinander und miteinander und waren selbst beeindruckt, weil es schaurig klang und in ihrem Versteck eine gruslige Stimmung erzeugte.

Die Kinder kehrten nach Hause zurück, aßen mit den Eltern zu Abend und erklärten brav, daß sie müde seien und zeitig ins Bett möchten. Die Väter staunten und sagten, das sei etwas vollkommen Neues. Die Mütter stutzten und überlegten, was sich hinter dem ungewohnten Wunsch nach früher Bettruhe verbergen könnte. Aber sie sagten und unternahmen nichts.

Inzwischen waren die Frau und der Mann, die weit über die Berge nach Bethlehem zogen, im Dorf eingetroffen. Die Frau war schwach und sagte, sie habe Schmerzen. Sie sehne sich nach einem guten Bett und nach guten Menschen. Der Mann war an die Tür eines Hauses getreten, hatte angeklopft und seine Bitte vorgetragen, über Nacht bleiben zu können. Sie kämen von weit her und seien vom Amt bestellt, nach Bethlehem zu reisen und sich dort eintragen zu lassen mit Namen und Daten, wegen der Zählung des Volks, die der Kaiser befohlen habe. Aber die Tür des Hauses wurde wieder geschlossen, ehe der Mann zu Ende war mit seiner Erklärung, und er wunderte sich über die grobe Art mancher Menschen. Nur – beim nächsten Haus ging es nicht besser, und beim folgenden wieder nicht. Einer sagte, es sei spät und man solle ihn in Ruhe lassen. Ein anderer meinte, er habe keinen Platz. Ein dritter schimpfte los, die Fremden sollten sich dahin scheren, wo sie hergekommen seien. Ein vierter drohte mit seinem bissigen Hund. Da fühlte der Mann sich auf einmal ganz niedergeschlagen und traurig und sagte zu der

Frau: »Was sind das für Menschen in Bethle-hem?«

»Sie sind in Bethlehem nicht schlechter und nicht besser als anderswo«, sagte die Frau und hüllte sich fester in ihren Umhang, weil sie fror.

So kamen die beiden, müde von der Wanderung und verzagt durch die Abweisungen der Bewohner, in die Nähe des Häuschens der alten Barka.

»Was meinst du, ob ich's noch einmal versuche?« fragte Joseph.

»Ich würde dort an dem kleinen alten Häuschen klopfen«, erwiderte Maria.

Als Joseph sich zögernd dorthin wandte, tauchten seitwärts die vier Kinder auf.

»Halt!« raunte Jonas. »Da sind Leute vor der Hütte der Hexe.«

»Es sieht aus, als wollten sie die alte Barka besuchen«, meinte Hanna.

»Kennt ihr die beiden?« fragte Michael. »Ich glaub, ich habe sie noch nie gesehen.«

»Wir müssen warten«, entschied Jonas. »Wir können den Spuk nicht machen, wenn andere Leute bei der Barka sind. Vielleicht sind es noch mächtigere Zauberer. – Wir verstecken uns drüben hinter den Büschen. Da können wir etwas sehen und werden nicht gesehen. Da können wir etwas hören und werden nicht gehört.«

Inzwischen sah Maria, daß Joseph unschlüssig war, ob er anklopften sollte. »Du möchtest mich nicht enttäuschen, deshalb zögerst du, nicht wahr?« fragte sie. »Klopfe nur an! Schlimmer als bisher wird es auch hier nicht werden.«

Josef klopfte mehrmals. Nach einigen Augenblicken war ein Scharren zu vernehmen und die Stimme der alten Barka:

»Geduld bitte! Einen kleinen Augenblick Geduld. Ich kann nicht so schnell laufen.«

Dann öffnete sie langsam ihre Tür, zuerst nur einen Spalt. »Wer seid ihr? Und was wollt ihr so spät am Abend?«

»Wir bitten um ein Nachtlager«, sagte Joseph, »Herberge für eine Nacht, nichts weiter. Wir kommen von weit, sind nach Bethlehem befohlen, um uns zählen zu lassen für den Kaiser. Nun sind wir da und finden keinen Platz für die Nacht.«

»Deine Stimme ist gut«, sagte die alte Barka. »Ich sehe Menschen nicht mit meinen Augen. Aber ich erkenne sie an ihren Stimmen. Es gibt freundliche Stimmen, die gut sind und gut tun. Und es gibt häßliche Stimmen, die tun weh, weil sie böse sind.«

Joseph wurde eifrig: »Meine Frau ist schwach, verstehst du?« sagte er. »Sie ist weit gewandert, viel zu weit für ihre Kräfte, und sie braucht dringend Ruhe.«

Barka trat jetzt vor die Tür: »Ich möchte sie sehen, deine Frau. Sehen mit meinen Händen. Meine Augen sind tot und sehen nichts mehr, aber die Hände sind ein Ersatz. Zeige mir deine Frau!«

Joseph half der Barka und führte sie zu Maria.

»Sie wird ein Kind bekommen«, sagte er, »vielleicht schon in dieser Nacht. Sie ist müde und sie hat Schmerzen.«

Barka betastete Marias Schultern, ihren Kopf, ihr Gesicht. »Ich sehe, daß du müde bist«, sagte sie. »Du bist einen weiten Weg gegangen. Aber nun bist du da. Du sollst deine Ruhe finden und mehr als Ruhe: deinen Frieden. Du sollst glücklich werden. Glück und Schmerz wohnen nahe beieinander, das ist so im Leben. – Komm, setz dich ein wenig. Dein Mann holt inzwischen einen Becher zu trinken, drinnen in der Kammer.«

Maria lächelte die alte Barka an: »Du bist der erste Mensch, der freundlich zu uns ist in diesem Dorf, und du bist blind und benötigst selber Hilfe.«

Die Barka lachte: »Freundlich – man nennt mich die Hexe. Erst heute haben Kinder sich einen

Spaß gemacht, haben meinen Gehstock zerbrochen und mir böse Verse von der Hexe nach-
gerufen.«

»Sicher meinen sie es nicht so«, sagte Maria.

»Mag sein«, seufzte die Barka, »aber es tut trotzdem weh. – Sitzt du gut? – Schmeckt dir die
Erfrischung?«

»Danke, ich fühle mich schon besser. Viel besser!«

Barka strich der Maria sanft über den Rücken,
dann sagte sie plötzlich: »Da hat sich ein kleiner
Dornenzweig in deinem Gewand verfangen. Ich
nehme ihn weg und lege ihn ans Fenster.«

»Ja«, sagte Joseph, »wir haben uns zuletzt, als es
zu dunkeln anfing, ein wenig verlaufen. Wir kamen vom Weg ab und gerieten in dichtes Gesträuch und in wilde Hecken. Da haben uns die
Dornen aufgehalten und die Haut aufgeritzt,
und dabei wird sich ein Dornenzweig in Marias
Gewand verfangen haben.«

Barka nickte: »Gut also – ihr braucht ein Nachtlager. Nehmt meine Hütte. Sie ist klein, aber für
zwei wird sie reichen. Ich gehe aufs Feld, dort
habe ich noch einen Schuppen, mit Stroh darin
und einem Dach darüber. Da kann ich bleiben
über Nacht.«

»O nein, gute Frau!« rief Maria. »Ich fände keine

Ruhe, wenn wir dich vertrieben hätten aus deinem Häuschen.«

»Ihr vertreibt mich nicht«, sagte die alte Barka, »ich lade euch ein.«

»Das ist sehr lieb von dir, und Gott soll es dir lohnen. Aber wir können das nicht annehmen. Höchstens – wenn du uns in die Hütte auf dem Feld einkehren läßt. Wenn es dort Stroh gibt und Heu, werden wir ein Lager herrichten, und warm genug wird es auch sein.« Maria sprach so eindringlich, daß die Barka bereit war einzulenken:

»Nun ja, da könnt ihr allemal hin, wenn euch der Platz genügt in seiner Erbärmlichkeit.«

»Er genügt – und hab Dank – tausend Dank!« rief Maria und umarmte die Alte.

Dann zeigte Barka ihnen den Weg: »Ihr müßt dort heraus aus dem Ort, beim Ölbaum nach links. Es ist nicht weit, ihr könnt es nicht verfehlen.«

Die beiden verabschiedeten sich und wanderten weiter, während die Barka auf ihrem Schemel saß und vor sich hin sang:

»Der Wind geht sacht.
Mein Herz – es lacht.
Ich glaube, es ist
eine heilige Nacht.«

Die Kinder hatten in ihrem Versteck alles gesehen und gehört.

»Was war das?« fragte Hanna.

Jonas hob seine Schultern: »Ich weiß nicht. Aber die alte Barka war gar nicht böse, finde ich.«

»Eher so ähnlich wie meine Großmutter, und die ist sehr lieb«, meinte Esther.

Und Michael brummte: »Ich hab keine Lust mehr, die alte Barka zu erschrecken.«

»Gehn wir nach Hause«, schlug Hanna vor. »Es ist schon spät.«

In dieser Nacht geschahen erstaunliche Dinge. Ein Licht erschien am Himmel, leuchtend wie ein Feuer und geheimnisvoll wie ein Traumbild.

Ein Gesang wurde vernommen, wie aus unendlicher Ferne und doch klar, ein jubelnder Gesang, der zu Herzen ging und Menschen, die ihn hörten, froh und glücklich machte.

Eine laute Stimme erklang über den Feldern von Bethlehem. Sie war zart wie Musik und kräftig wie Glockenklang und kam wie weit von den Sternen her. Und die Stimme sprach von einer Geburt und von großer Freude und Frieden.

Und ein Kind kam zur Welt auf dem Strohlager im Stall von Bethlehem, und die Mutter war er-

schöpft und lächelte, und der Vater war geschäftig in der Hütte und ein wenig hilflos.

Die Kinder waren in der Nacht nach Hause ge-
schlichen. Sie waren heimlich und leise durchs
Fenster eingestiegen und hatten sich in ihre Betten gelegt. Aber sie konnten nicht sofort einschlafen. Sie dachten nach über die alte Barka, die sie
necken und erschrecken wollten und die doch
ganz anders war, als sie es sich vorgestellt hatten.
Wie freundlich sie zu der fremden, müden Frau
gewesen war! Sogar ihr winziges Häuschen hatte
sie den Wanderern angeboten für die Nacht, und
sie wollte selber hinausziehen vor das Dorf und
in einem Schuppen lagern, auf Stroh und auf der
Erde. Nein, eine Hexe konnte sie nicht sein.
Und wenn es Leute gab, die das behaupteten,
dann war es offensichtlich, daß sie logen. Onkel
Matti erzählte gern Gruselgeschichten. Aber er
flunkerte auch viel dabei. Man mußte ihm sagen,
daß er über die alte Barka nichts Böses mehr ver-
breiten durfte.
Am meisten von den vier Kindern schämte sich
Jonas. Er war es gewesen, der der alten Barka den
Stock weggenommen und zerbrochen hatte. Es
war eine Schuftigkeit, sagte er zu sich. Und er
beschloß, es wiedergutzumachen.

Am nächsten Morgen rief er Michael und die beiden Mädchen Esther und Hanna zusammen, begab sich mit ihnen in ihr gemeinsames Versteck und erklärte, was er vorhatte.

Er war beim ersten Licht des Tages schon aufgestanden, aus dem Dorf aufs Feld gelaufen, hin zu dem kleinen Wäldchen nahe bei der Feldscheune, die der alten Barka gehörte und wo die Fremden übernachtet hatten. Jonas suchte nach einem neuen Stock für die alte Frau. Er hatte sein Messer dabei und schnitt den kräftigen, gerade gewachsenen Zweig eines Haselnußstrauches ab, entfernte die Blätter, glättete die Schnittstelle, probierte den Stock, ob er zur Stütze taugte. Dann war er zufrieden.

Als er den Weg ins Dorf zurück nehmen wollte, schaute er zu dem nahen Stall hinüber, der friedlich dastand und die erste Morgensonne zu genießen schien. Eigentlich, dachte Jonas, eigentlich könnte ich hingehen und einen Blick ins Innere werfen und die Frau fragen, ob ich ihr etwas holen soll aus dem Dorf, eine Kanne Wasser oder Milch und einen Laib Brot und etwas Käse.

Und Jonas ging über das Feld zum Stall, in dem es ganz still war. Nur ein bunter Singvogel hatte sich auf dem First eingefunden und sang seine Lieder in den Morgen.

Jonas zögerte. Er ging langsam herum, und als er eben wieder bei der Eingangstür ankam, hörte er innen ein zartes Weinen und dann die ruhige freundliche Stimme der Frau. Da konnte Jonas nicht anders: Er klopfte und öffnete die Tür einen Spalt. Die Frau lachte und sagte mit fröhlicher Stimme: »Es ist ein Junge – wie du. Wenn du ihn sehen willst, darfst du hereinkommen, er ist eben wachgeworden.«

Und dann war Jonas eingetreten, ganz feierlich, als ob er ein Heiligtum besuchte, und er hatte das Kind gesehen, das nicht anders aussah als neugeborene Kinder sonst; aber Jonas spürte, daß er glücklich war. »Weißt du«, sagte er zu der Frau, »ich habe einen Stock gemacht für die alte Barka. Den will ich ihr bringen. Eine alte Frau, die blind ist und nur schwer gehen kann, die braucht doch einen Stock, um sich darauf zu stützen.«

»Das finde ich auch!« hatte die Frau gesagt, und dann war Jonas gegangen.

Und nun saßen die vier Kinder in ihrem Versteck, und Jonas erzählte und zeigte den Stock, den er geschnitten hatte, und dann sagte er: »Los! Wir gehen zusammen zur alten Barka und bringen ihr den neuen Stock.« – Und wenig später kamen sie beim Häuschen der Barka an.

»Wartet hier, ich werde klopfen«, sagte Jonas zu den anderen.

»Gib acht!« warnte Esther. »Wenn sie merkt, wer du bist, haut sie dir vielleicht mit dem Besen über den Schädel.«

Jonas sah sie vorwurfsvoll an und sagte: »Esther! Die alte Barka ist doch keine Hexe!«

Dann näherte er sich dem Häuschen, klopfte an und rief: »Barka! Alte Barka! Ich bin Jonas. Und Michael und Hanna und Esther sind auch da. Wir bringen dir einen neuen Stock. Er ist fest und gut. Du kannst dich darauf stützen.«

Innen im Häuschen rumpelte es, dann knarrte die Tür, und die alte Barka erschien. Sie sagte: »Sieh mal an, der Jonas. Und die andern auch. Und keine Lieder über die böse Hexe und ihr Hexenhaus?«

»Keine Lieder, Barka«, sagte Jonas kleinlaut. »Hier ist der Stock. Magst du es versuchen damit?«

»Ich will es versuchen mit dem Stock, und ich will es versuchen mit euch«, erklärte die Barka, und ihr altes trauriges Gesicht verwandelte sich zu einem fröhlichen Lachen.

Sie nahm den Stock, den Jonas ihr reichte, in die Hand, prüfte seine Festigkeit und nickte zufrieden: »Ein festes Holz und ein guter Halt, Jonas.

Und nun führe mich zu meinem Platz am Fenster, wo ich gern in der Sonne sitze.«

Jonas half ihr. Als sie auf ihrem Schemel Platz genommen hatte, rief Hanna plötzlich: »Barka, neben dir blüht eine Rose. Eine schöne rote Rose. Mitten im Winter!«

Sie nahm die Rose und reichte sie der Barka. Die Alte roch daran und betastete sie mit großer Behutsamkeit: »Wahrhaftig, ihr Kinder! Eine Rose im Winter. Eine Rose in Bethlehem. Es ist ein Wunder.«

»War die Rose denn vorher nicht da?« fragte Michael.

»Nein, sie war vorher nicht da«, sagte die Barka. »Aber ein Dornenzweig war da. Der steckte über Nacht an diesem Fenster. Ich habe einen Dornenzweig bei einer Frau gefunden, die gestern hergewandert kam. Sie war müde und suchte ein Lager für die Nacht. Und sie war schwanger und erwartete die Geburt ihres Kindes.«

»Und dann hast du den Dornenzweig gefunden, der sich im Gewand der Frau verfangen hatte«, sagte Esther eifrig. »Und der Mann hat gesagt, sie seien vom Weg abgekommen und hätten durch Gesträuch und Dornen kriechen müssen.«

»Woher weißt du das?« fragte die Barka.

»Wir haben alles gesehen und gehört, drüben hinter den Büschen«, antwortete Jonas.

Die Barka lächelte: »Ach, so ist das! – Eine Rose also. Eine schöne rote Rose. Sie ist ein Geschenk. Und sie ist ein Geheimnis.«

»Das Kind ist geboren im Stall«, sagte Jonas. »Ich habe es gesehen.«

»Du hast es gesehen?«

»Ja, ganz in der Frühe, als ich den Stock geschnitten habe im Wäldchen beim Feld. Da habe ich es besucht. Es ist ein Junge.«

Barka hielt die Rose feierlich mit beiden Händen.

So redete der Prophet Jesaja in alter Zeit:
»Es wird ein Reis hervorgehen
aus dem Stamm Isais
und ein Zweig aus seiner Wurzel
Frucht bringen...
Auf ihm wird ruhen der Geist des Herrn,
der Geist der Weisheit und des Verstandes,
der Geist des Rates und der Stärke,
der Geist der Erkenntnis
und der Furcht des Herrn.
Und Wohlgefallen wird er haben
an der Furcht des Herrn.
Er wird nicht richten nach dem,
was seine Ohren sehen,

noch Urteil sprechen nach dem,
was seine Ohren hören.
Sondern wird mit Gerechtigkeit richten
die Armen
und rechtes Urteil sprechen
den Elenden im Lande.«

Zimtsterne

Meine Schwester, liebe Braut,
du bist ein verschlossener Garten,
eine verschlossene Quelle,
ein versiegelter Born.
Du bist gewachsen wie ein Lustgarten
von Granatäpfeln mit edlen Früchten,
Zyperblumen mit Narden.
Ein Gartenbrunnen bist du,
ein Born lebendigen Wassers,
das vom Libanon fließt.
(Hoheslied 4)

Es war einmal eine Königstochter, die war schöner als alle anderen Frauen und Mädchen im Land, aber sie besaß ein hartes Herz und einen hochfahrenden Sinn und bereitete ihrem Vater, dem König, allerlei Kummer.

Nun war die schöne Königstochter herangereift, und wenn sie sich auf der Straße sehen ließ, erregte sie höchste Aufmerksamkeit, und die vornehmen Herren schauten sich verstohlen nach ihr um, und die Droschkenkutscher vergaßen, ihre Pferde zu zügeln, und fuhren in den Graben oder an die Bäume.

Da meinte der alte König, es sei Zeit, daß die schöne Tochter einem anständigen und mutigen Mann anvertraut werde, und er veranstaltete festliche Gelegenheiten, das Nötige in die Wege zu leiten. Aber die schöne Königstochter lachte über die Höflichkeiten und die Schmeicheleien der jungen Männer und wollte niemanden von ihnen erhören.

Der König aber wurde zornig über das Gebaren seiner Tochter, weil er es an Mühe nicht hatte fehlen lassen, die elegantesten, reichsten und vornehmsten Freier aus der Nähe und aus der Ferne einzuladen, und es hatte alles keinen Erfolg gehabt. Nun rief er die Königstochter zu sich und redete streng mit ihr, daß sie ihren Hochmut aufgeben und endlich mit einem jungen Mann einverstanden sein müsse, der um ihre Hand anhielt. Da sagte die Königstochter: »Ja, ich will denjenigen heiraten, der mir einen Korb voll Sterne bringt, die schön sind wie Silber und süß wie Honig und duftend wie das edelste Gewürz.«

Der König erwiderte mürrisch, so eine verrückte Bedingung habe er im Leben noch nicht gehört, und sie habe sich da ohne Zweifel etwas ausgedacht, was kein Mensch erfüllen könne. Aber die schöne Tochter zuckte nur mit den

Achseln, lachte und verließ das Zimmer des Königs.

In der Stadt und im ganzen Land aber wurde bekannt, daß die schöne Königstochter zum Mann nehmen wolle, wer in der Lage sei, ihr einen Korb voller Sterne zu bringen, schön wie Silber, süß wie Honig und duftend wie das edelste Gewürz.

Man kann sich vorstellen, wie die Burschen und Männer da eifrig wurden, zu beschaffen, was die merkwürdige Bedingung der Königstochter erfüllen könnte: Da stiegen welche des Nachts auf die höchsten Berggipfel und versuchten, mit langen Stangen, an deren Enden Haken oder Schlingen befestigt waren, die hellsten Sterne vom Himmel zu pflücken. Und andere wurden böse verstochen, weil sie Honig aus Bienenstöcken stahlen, um daraus Sterne zu formen und sie der Königstochter zu bringen. Und wieder andere hämmerten und drechselten in ihren Werkstätten herum, um aus Holz oder Zinn oder gar aus Silber Gegenstände zu schaffen, die den Wünschen der Königstochter entsprechen könnten. Und dann kamen sie ins Schloß mit ihren Körben voller Kostbarkeiten, aber die Königstochter lachte sie immer nur aus und ließ sie samt ihren Gabenkörben mit Schimpf und Schande hinauswerfen.

Nun erschien eines Tages in der Königsstadt ein Fremdling von dunkler Hautfarbe und mit langem schwarzen Haar. Er trug ein farbiges Gewand aus Seide und führte drei Esel bei sich, die voll bepackt waren mit Säcken und Taschen und Stoffballen: lauter Waren aus fernen Ländern. Es stellte sich bald heraus, daß der Fremde ein Händler war, der weit aus dem Osten, aus dem Lande Indien kam.

Die Leute in der Stadt mochten keine Fremden, die anders aussahen als sie selber und andere Gewohnheiten mitbrachten und obendrein Miene machten, etwas von ihrem teuer erworbenen Geld zu verdienen. Also gaben sie dem jungen Inder kein Haus, in dem er wohnen, und keinen Platz auf dem Markt, wo er seine Waren zum Kauf anbieten konnte. Der Fremdling war traurig darüber, aber er ließ sich doch nicht vertreiben, und am Ende fand er eine Bleibe in der Hütte eines armen Schäfers, der nahe dem Stadttor zu Hause war.

Inzwischen hatten den alten König die Lebenskräfte mehr und mehr verlassen, und der Kummer um seine Tochter und die Sorge, was aus seinem Reich werden möge, ließen ihn schwächer werden und fraßen in seiner Seele. Und eines Tages war er gestorben. Da wurde eine große und feierliche Totenfeier gehalten, und dann war die Königstochter die Herrin im Land, und sie erneuerte ihre Forderung nach dem Korb voller Sterne, schön wie Silber, süß wie Honig und duftend wie das edelste Gewürz; und es gab niemanden, der es ihr bringen konnte. Was immer die Burschen und edlen Herren zu ihr hintrugen: Es war entweder nicht schön oder nicht süß oder duftete nicht nach feinstem Gewürz. Und während die Königstochter sich bisher damit begnügt hatte, die Freier hohnlachend davonzujagen, ging nun von ihr ein Erlaß hinaus in die Stadt und in das ganze Land, daß künftig des Todes sterben müsse, wer es noch einmal wage, ihr Falsches zu bringen, um ihre Hand und ihre Liebe zu gewinnen.

Da war der Schrecken groß weit und breit, und die Menschen spürten, daß die schöne Königstochter härter und grausamer wurde in ihrem Herzen. Niemand wagte mehr, vor sie hinzutreten und von der gesetzten Bedingung bloß zu reden, geschweige denn: deren Erfüllung anzumelden. Die Bediensteten im Schloß gingen auf leisen Sohlen und der Königstochter nach Möglichkeit aus dem Weg. Die Menschen in der Stadt erfüllten ihre Pflicht und legten Wert darauf, verborgen zu bleiben und nicht aufzufallen.

Allen war es unheimlich geworden, der Königstochter nahezukommen.

Der fremde Inder ließ sich von dem alten Schäfer
erzählen, was es mit der schönen Königstochter
und ihrer eigenartigen Heiratsbedingung auf
sich hatte, und er dachte viel darüber nach. Und
eines Morgens machte er sich tüchtig zu schaffen
in der Schäfersküche, heizte den Ofen an, holte
aus seinen Säcken und Taschen allerlei Sachen
heraus und formte und buk, daß ein köstlicher
Duft die ganze Hütte durchzog.

Am Nachmittag füllte er das Backwerk in einen
Korb, breitete ein Tuch darüber und begab sich
in den Königspalast. Der arme Schäfer hatte ihn
hindern wollen und rief, wenn er hingehe, dann
sei das der sichere Tod; aber der Fremde aus Indien war unbeirrt und guter Dinge, und die Menschen vom Markt, die merkten, was da vor sich
ging, liefen neugierig hinterdrein.

Im Palast wurde der junge Inder sogleich vorgelas-
sen, und die Königstochter musterte ihn streng,
als er den Korb absetzte und sich vor ihr verneig-
te und sagte: »Meine Herrin, ich bin von weit her
aus Indien und bringe Euch, was Ihr begehrt. Die
Sterne in diesem Korb sind wunderschön anzu-
schauen, und es ist die Süße des Honigs darin
und der feinste Duft aus dem Orient.«

Die Königstochter wollte schon anfangen zu lachen, wie sie es gewohnt war, und nach Dienern rufen, die den Fremden hinaus und in den Kerker setzen sollten, da rief der junge Inder:

»Erst mußt du kosten, ehe du urteilst! Zimtsterne schmeicheln dem Gaumen und lösen das Herz!«

Und schon hatte er in den Korb zu seinen Füßen gegriffen und war behende zum Thron der schönen Königstochter geeilt. Und ehe diese ein Wort sagen konnte, steckte er ihr einen schönen, süßen, duftenden Zimtstern in den staunend geöffneten Mund und drückte, um denselben zu verschließen, auch gleich noch einen Kuß darauf.

Und niemand wußte nachher zu sagen, wie es geschehen war, und auch der neue König aus Indien und seine schöne Königin waren sich später nicht eindeutig im klaren darüber, was die geheimnisvolle Erlösung zur Liebe bewirkt hatte: der Zimtstern oder der Kuß oder beides zusammen.

In die Nationalflagge des Königreichs aber wurde seitdem ein Symbol eingesetzt, das ewige Gültigkeit haben sollte: ein Zimtstern mit Baiser.

Der kleine Esel Jonathan
Ein Weihnachtsspiel für Kinder

Und als die Engel von ihnen gen Himmel fuhren,
sprachen die Hirten untereinander:
Laßt uns nun gehen nach Bethlehem
und die Geschichte sehen,
die uns der Herr kundgetan hat.
(Lukas 2)

(Hirtenmusik)

Erzähler: Ich will euch die Geschichte von einem Esel erzählen. Esel sind störrische und bockige Tiere, sagen die Menschen. Aber das ist nicht wahr, jedenfalls nicht immer. Esel sind dumme Tiere, sagen die Menschen auch. Aber das ist noch viel weniger wahr.

Stellt euch vor, wir befinden uns in einem Land, das ist weit weg von unserem Land. Wenn es bei uns kalt wird, ist es dort immer noch warm. Wenn bei uns Schnee fällt, gibt es dort höchstens Regen.

Und stellen wir uns weiter vor, wir befinden uns nicht heutzutage in diesem Land, sondern vor langer, langer Zeit. Vor vielen hundert Jahren.

Da fuhren keine Autos über die Straßen, da hing keine Reklame an den Häusern, und da saß niemand vor dem Fernseher und langweilte sich.

In dieser Zeit damals gab es noch Hirten und Wölfe und dunkle Nächte ohne künstliches Licht – ja, und auch Esel. Kleine, graue, freundliche und alles in allem sogar fleißige Esel.

Von einem will ich euch erzählen. Er gehörte drei Hirten, die miteinander eine Herde Schafe versorgten. Aber – das sehen wir uns am besten ein bißchen genauer an.

(Beleuchtung. Drei Hirten liegen, schlafen, schnarchen. Zelt. Gerätschaften.)

Erzähler: Wir lassen die drei Hirten ruhig noch eine Weile schlafen und träumen, und weil sie schöne Träume haben, klingt es in ihnen wie Musik.

(Hirtenmusik)

(Erster Hirt räkelt sich, steht langsam auf.)
1. Hirt: Die Nacht war heute ziemlich kalt.
Ich fürcht', ich werde langsam alt,
so reißt mir's in den Gliedern *(geht herum).*

2. *Hirt* *(aufwachend):* Was ist? Was tappst du denn
herum
auf deinen Beinen, schief und krumm?

3. *Hirt* *(aufwachend):* Was? Ihr könnt beide nicht
mehr schlafen?
Schleicht sich ein Wolf dort zu den Schafen?

1. *Hirt:* Nein, keine Angst! Ihr müßt jetzt bloß
aus euren Decken, gleich geht's los!

(Alle packen die Sachen.)

1. *Hirt:* Jonathan! – Jonathan!

2. *Hirt:* Ein Vieh, das nicht gut hören kann!

3. *Hirt:* Weil es nicht will: ein fauler Strick!
Am liebsten frißt er und wird dick.

(Auftritt des Esels – Musik)

1. *Hirt:* Halt endlich stille, Jonathan,
daß ich dich gut beladen kann.

*(Nach und nach packen die Hirten Ballen und Säcke
auf Jonathan, daß es sich türmt.)*

2. *Hirt:* So, Freundchen, und jetzt geht's voran;
nur munter vorwärts, Jonathan!

(Die Gruppe setzt sich in Bewegung)

Chor-Lied: Der kleine Esel Jonathan,
    der mußte viel ertragen;
    die Hirten alle, Mann für Mann,
    die spannten ihn zur Arbeit an,
    da konnte er sich plagen!

    Dem kleinen Esel Jonathan,
    dem war es oft zum Weinen;
    dann seufzte er und rief: Ich kann
    nicht Sachen schleppen für zehn
    Mann
    auf meinen Eselbeinen.

    Doch keiner hörte Jonathan,
    mocht' er auch bitter klagen;
    die Hirten dachten nicht daran,
    daß so ein Esel spüren kann,
    wenn sie ihn heftig schlagen.

Erzähler: Jonathan schleppte die Lasten, die man ihm aufgebürdet hatte, denn er war es nicht anders gewöhnt. Die Hunde liefen ihm manchmal zwischen den Beinen her und spotteten: Ein Hundeleben ist doch besser als so eine Eselei. Die Hirten trieben die Schafe auf neue Weiden und mußten aufpassen, daß sie unterwegs keines verloren. Die Sonne stieg, und es wurde heiß. Jonathan verschwand beinahe unter den Säcken und Ballen, die die Hirten auf seinen Rücken getürmt hatten, und ab und zu überfiel ihn die Lust, seitwärts auszubrechen und den ganzen Plunder in den Graben zu kippen. Aber im Grunde war er ja doch ein braver Esel und schleppte sich ab, bis er müde war. Aber wenn er einmal auf dem Weg stehenblieb, um auszuruhen, war gleich einer der Hirten zur Stelle und schlug ihm mit einem Stock auf die Hinterbacken oder auf die Beine. Da dachte Jonathan: Es ist merkwürdig. Aber die Menschen merken nicht, wenn ich zu schwer tragen muß und nicht mehr weiter kann. Warum merken sie das eigentlich nicht?

Eines Abends kamen die Schafe und die Hirten und der kleine Esel Jonathan auf einem großen freien Felde an. Es gab Weide für die Tiere und einen schönen Lagerplatz für die Menschen. Jonathan wurde von seiner Last befreit, er durfte sich jetzt bewegen, wie er wollte. Die Schafe verteilten sich in Gruppen über das Gelände. Irgendwo in der Ferne heulte ein Wolf. Der Wind spielte im Gesträuch und in den Zweigen der Bäume und machte ein bißchen Musik. Die Hirten saßen beieinander, aßen und tranken und waren zufrieden. Dann krochen sie in ihre Zelte und schliefen.

Nur Jonathan, der kleine Esel, schlief nicht in dieser Nacht. Er lauschte auf die Musik des Windes, und es war ihm, als gebe es noch eine andere Musik, hoch aus dem nachtdunklen Himmel und aus dem Glitzern der Sterne.

(Musik)

Erzähler: Und als der kleine Esel Jonathan hinaufschaute in den Himmel, da sah er die Sterne, größere und kleinere, und es kam ihm so vor, als ob sie viel heller leuchteten und viel näher waren als in den Nächten, die er früher erlebt hatte. Und plötzlich – er wußte nicht, ob er träumte oder ob er wach war –; plötzlich bewegten sich einige Sterne am Himmel, sie verließen ihre Pätze und kamen langsam, aber deutlich auf den kleinen Esel zu.

(Ankunft der Sterne – Jonathan in der Mitte, die Sterne kommen von verschiedenen Seiten feierlich auf ihn zu, stehen zu beiden Seiten.)

1. Stern: Du bist der kleine Jonathan,
　　　　 wir kennen dich schon lange;

hast viel zu tun, mußt mächtig ran –
und manchmal bist du bange.

2. Stern: Doch sollst du, lieber Jonathan,
bald Wunderbares sehen;
gib nur gut acht: es fängt schon an,
sacht wie der Wind zu wehen.

3. Stern: Denn große Dinge, Jonathan,
geschehen bald auf Erden;
erst wirst du staunen, aber dann
wirst du sehr glücklich werden.

Erzähler: Der kleine Esel Jonathan war jetzt
schon ganz starr vor Staunen. Er brachte kein
Wort hervor und schaute immerfort auf die Sterne, die sich bei ihm eingefunden hatten. Und
dann hörte er das Lied der Sterne:

Sterne sind hell und Sterne sind klar;
Sterne leuchten und Sterne sind wahr.
Sterne füllen den Himmel aus.
Sterne sind am Himmel zu Haus.

Sterne sind wach und schauen dann
Länder, Tiere, Menschen sich an.
Sterne lieben den Frieden sehr.
Sterne gibt es wie Sand am Meer.

Sterne sind groß und Sterne sind schön,
Sterne kommen, Sterne vergehn.
Sterne leiten auf rechte Bahn;
Sterne zeigen die Richtung an.

Erzähler: Als sie so gesungen hatten, verteilten
und entfernten die Sterne sich wieder.
Der kleine Jonathan blieb allein zurück. Er wußte nicht, wie ihm geschehen war. Die Schafe ruhten im Kreise dicht beieinander und schliefen.
Und auch von den Hirten war anscheinend keiner aufgewacht. Jonathan schüttelte sich und
überlegte, ob er alles nur geträumt habe. Er bewegte seinen grauen Kopf hin und her und dachte: Jonathan, Jonathan, du bist eben doch ein
rechter Esel!
Am nächsten Tag war alles wie gewohnt. Die
Schafe trotteten über die Weide und suchten ihr
Futter, die Hunde hetzten hinter ihnen her,
wenn sie sich zu weit entfernten, und die Hirten
kümmerten sich um ihre Arbeit. Um Jonathan
kümmerte sich keiner.
Die Nacht, welche folgte, war zunächst wie alle
anderen. Es war dunkel und still, und man hörte
nur manchmal den Wind, der in den Blättern
der Bäume spielte. Die Sterne standen hoch am
Himmel und flimmerten in der Luft. Sie beweg-

ten sich nicht von der Stelle und kamen nicht herab zu dem kleinen Jonathan.

Aber in dieser Nacht geschah etwas anderes. Jonathan mußte eingeschlafen sein, denn plötzlich wurde er wach, weil er ein Geräusch hörte. Er lauschte und sah sich um.

(Schafe kommen von mehreren Seiten, bilden einen Kreis um ihn.)

Erzähler: Jonathan war sehr erstaunt, daß die Schafe mitten in der Nacht aufgestanden waren, um ihn zu besuchen. Gewiß, er mochte die Schafe, und die Schafe mochten ihn. Aber das konnte man sich ja auch bei Tage zeigen, wenn es hell war und wenn man ohnehin miteinander zu tun hatte. Die Schafe drucksten ein bißchen herum, dann sagten sie:

1. Schaf: Die Nacht ist nicht so, wie die Nächte sonst sind.
2. Schaf: Wir hören viel Stimmen und Lieder.
3. Schaf: Wir hören von einem besonderen Kind, das man irgendwo in der Krippe find';
1. Schaf: das komme vom Himmel hernieder.

Erzähler: Alle anderen Schafe nickten fleißig dazu und gaben dem kleinen Esel zu verstehen,

daß sich ganz wunderbare Dinge ankündigten,
die ihr Leben und das Leben aller Tiere und Menschen auf der Erde verändern sollten. Und dann
sangen die Schafe ihr Lied:

Wir Schafe auf der Weide
sind ängstlich und sind schwach.
Der Wolf will seine Beute
und schleicht uns heimlich nach.

Drum hoffen wir auf Zeiten,
wo Schaf und Wolf und Hund
sich treffen und begleiten
in einem Friedensbund.

1. Schaf: Ach, lieber guter Jonathan,
was fangen wir bloß an?

2. Schaf: Wir sähen gern den kleinen Christ,
doch wissen wir nicht, wo er ist.

3. Schaf: Der Wind, der flüstert leise
und lockt uns auf die Reise.

1. Schaf: Doch sitzt uns Angst im Herzen;
mit Hirten gibt's kein Scherzen.

2. Schaf: Wenn wir verschwinden in der Nacht,
und sie sind plötzlich aufgewacht,

3. Schaf: dann werden sie laut fluchen,
uns jagen und uns suchen,

1. Schaf: die Hunde auf uns hetzen,
die beißen und verletzen.

2. Schaf: Ach, lieber guter Jonathan,
was fangen wir bloß an?

3. Schaf: Du stehst in unsrer Mitte,
nun höre unsre Bitte.

1. Schaf: Wir dachten: Jonathan ist gut,
er hat viel Kraft und auch viel Mut.

2. Schaf: Ach, ginge der an unsrer Stelle;
der schaffte es – auf alle Fälle!

3. Schaf: Der folgt' den Sternen und den
Winden;
der würd' das Gottes-Kind schon
finden.

1. Schaf: Und keiner schöpfte hier Verdacht,
es gibt ja keiner auf ihn acht.

2. Schaf: Er säh' das Kind und könnt' ihm singen
und ihm auch unsre Grüße bringen.

3. Schaf: Ach, lieber guter Jonathan,
was fangen wir bloß an?

Erzähler: Jonathan war noch unschlüssig. Die Aufgabe war groß, und ein Bote der Schafe zu sein, war ehrenvoll. Wunderbare Dinge kündigten sich an. Sollte er wirklich der erste sein, der sie aus der Nähe zu sehen bekäme?

Aber er zögerte noch ein wenig, bis er endlich zu den Schafen sagte: »Ein Esel entscheidet sich nicht auf der Stelle. Ich muß die Sache erst noch einmal überschlafen.« – Aber die Schafe schienen den kleinen Esel Jonathan doch recht gut zu kennen, denn sie nickten zufrieden mit den Köpfen und kehrten zurück in ihren Schlafkreis.

Am nächsten Tag gab Jonathan nicht zu erkennen, wie er sich entscheiden würde. Er wanderte ein wenig über die Weide und merkte, daß die Schafe ihn gespannt anschauten, als wollten sie aus seinem Verhalten entnehmen, wie er sich entscheiden werde.

In der Nacht darauf konnte er nicht einschlafen. Die Schafe schliefen ebenfalls nicht. Da entdeckte Jonathan, als er zum Himmel aufschaute, auf einmal einen Stern, der viel größer und heller war als alle anderen. Und der Stern bewegte sich langsam von der Stelle, als wollte er einen Weg weisen. In diesem Augenblick war dem kleinen Jonathan klar, daß er aufbrechen mußte. Er erhob sich leise, damit die Hirten nichts hörten, lauschte in die stille Nacht hinein und ging mit vorsichtigen, lautlosen Schritten von seinem Schlafplatz weg, über die Weide hin und übers Feld. Er wußte selbst nicht, wohin ihn der Weg führen sollte. Er lief einfach in die Richtung, die der helle Stern ihm anzeigte. Und während er lief, begann sein Herz sich anzufüllen mit Freude, wie er es niemals zuvor empfunden hatte.

Es war eine geheimnisvolle Nacht. Die Sterne leuchteten, und Jonathan meinte die Melodie zu hören, die sie leise in der Höhe des Himmels sangen.

(Musik der Sterne)

Erzähler: Jonathan wanderte weiter, und als er an einem Wald vorüberkam, hörte er die Bäume rauschen im Nachtwind, und als er genauer horchte, konnte er das Lied der Bäume verstehen:

Wir sind die grünen Bäume
und stehen hier im Wald.
Wir träumen schöne Träume
und werden dabei alt.

Der Wind erzählt von Kriegen,
die toben überall;
von Tod und Haß und Lügen,
von Menschenleid und Qual.

Wir sehnen uns nach Zeiten,
wo Glück und Frieden sind.

Wer kann sie vorbereiten?
Vielleicht weiß es der Wind.

Erzähler: Da sprang der Esel Jonathan mit kräftigen Sätzen auf die Bäume zu und rief: „Ihr Bäume, ihr alten, guten Bäume, seid nicht traurig. Der Wind weiß es, und ich weiß es auch. Jetzt werden eure Träume wahr, vielleicht schon in dieser Nacht!"
Und die Bäume neigten freundlich ihre Äste und rauschten zustimmend mit den Zweigen und ließen den kleinen Esel Jonathan weiterziehen.
Der folgte weiter dem Stern, und nach einer Weile sah er, daß der Stern anhielt und sich nicht mehr bewegte. Jonathan befand sich vor einer niedrigen Hütte, und nachdem er noch einmal hinaufgeschaut hatte zum leuchtenden Stern am Himmel, beschloß er, in diese Hütte hineinzusehen. Die Tür war nur angelehnt und ließ sich leicht öffnen. Und als der kleine Esel Jonathan seinen Kopf hineinstreckte, erkannte er eine Frau, die auf einem Strohlager lag, und eine Krippe mit einem Kind darin und einen Mann mit einer brennenden Laterne daneben. »Da, sieh einmal«, sagte der Mann, »wir bekommen Geburtstagsbesuch. Komm nur herein, kleiner Esel, tritt näher und hab keine Angst!«

Jonathan schob seinen Leib durch die Tür und achtete darauf, daß er keinen Lärm machte, denn das Kind in der Krippe schien zu schlafen. Er schaute es lange an und hatte das Gefühl, daß es ihm gut tat, an dieser Stelle zu bleiben. Jonathan zog sich deshalb nur ein wenig zurück, so daß er die Krippe und das Kind im Auge behalten konnte, aber doch keinen Menschen störte.

»Erinnerst du dich«, sagte da der Mann zu der Frau, »bei dem Propheten Jesaja heißt es ganz am Anfang: ›Der Esel kennt die Krippe seines Herrn‹.« Und er lachte freundlich, als er das sagte.

So kam es, daß vor den Hirten bereits der Esel angekommen war im Stall von Bethlehem und bei der Krippe des Christuskindes. Und der kleine Esel Jonathan war so gern dort und fühlte sich so glücklich dabei, daß er gar nicht daran dachte, wieder zurückzukehren zu den Schafen auf der Weide. Darum mußten die Schafe erst einmal warten, ob die Stimmen und die Lieder recht behielten, die sie gehört hatten in der Nacht. Aber sehr lange dauerte das nicht. Denn bald waren die Hirten aufgebrochen, und als sie zurückkehrten, waren sie wie verwandelt. Sie schimpften und fluchten und stritten sich nicht mehr, sondern sangen und freuten sich und benahmen sich wie Brüder. Da merkten die Schafe, daß sie richtig gehört hatten von neuen Zeiten und von einem besonderen Kind und daß Frieden sein sollte auf der Erde und kein Grund mehr für Angst und für Feindseligkeit.

Der kleine Esel Jonathan;
die Schafe auf der Weide;
die hörten und erlebten dann,
was in der heil'gen Nacht begann,
und jubelten vor Freude.

Drum laßt uns auch dem Christuskind
Dank, Lob und Lieder bringen;
ob wir nun klein, ob groß wir sind:
ein jeder ist doch Gottes Kind
und darf ihm laut lobsingen.